“趣探索”科学主题班本课程

中班

袁 洁 王咏梅 主编

中国科学技术大学出版社

内容简介

本书依托中国科学技术大学附属幼儿园“一起趣探索”班本特色课程，精选了球、鞋子、管子、盖子、瓶子、镜子、伞、影子等八个原创性科学主题，每个主题包含问题产生、课程目标、课程规划、主题游记、课程环境、我的课程、区域渗透七个部分的内容。内容均源自孩子们日常最为熟悉的、可反复摆弄的材料或物件，幼儿在直接感知、亲身体验、实际操作中积累科学学习的经验。

本书可供幼儿园一线教师完整学习并熟知科学主题探究活动开展的流程、操作手段以及实施策略。

图书在版编目(CIP)数据

“趣探索”科学主题班本课程. 中班/袁洁，王咏梅主编. —合肥：中国科学技术大学出版社，2024.4

ISBN 978-7-312-05809-7

Ⅰ. 趣…　Ⅱ. ①袁…　②王…　Ⅲ. 科学知识—学前教育—教学参考资料　Ⅳ. G613.3

中国国家版本馆 CIP 数据核字(2023)第 243399 号

“趣探索”科学主题班本课程(中班)

“QU TANSUO” KEXUE ZHUTI BANBEN KECHENG (ZHONGBAN)

出版 中国科学技术大学出版社
安徽省合肥市金寨路 96 号，230026
http://press.ustc.edu.cn
https://zgkxjsdxcbs.tmall.com

印刷 合肥华苑印刷包装有限公司

发行 中国科学技术大学出版社

开本 787 mm×1092 mm　1/16

印张 10.25

字数 239 千

版次 2024 年 4 月第 1 版

印次 2024 年 4 月第 1 次印刷

定价 48.00 元

前　言

中国科学技术大学附属幼儿园于2005年开始尝试开设科学特色课程，经过不断摸索，于2012年申请并立项安徽省教育科学研究课题“依托高校资源幼儿科学启蒙教育的实践研究”。本书是中国科学技术大学附属幼儿园多年来全面创建园所特色课程的实践成果之一。

教师从综合性主题开始摸索、实践，在一个又一个主题开展的过程中，尝试进行主题网络制订、分支活动展开、幼儿参与方式拓展、主题环境多元呈现，逐渐获得了丰富的科学主题课程经验。2012年，我们依据园所特色，在原有的科学主题活动经验的基础上开启了科学主题课程实践研究，创立、研发出54个原创性、生活化的科学主题班本课程，并在各年龄段、不同教研组、不同班级的轮回、实践、研训、再实践的过程中提炼、丰富、定型，现已成为中国科学技术大学附属幼儿园实施幼儿科学启蒙教育的主要载体。

科学主题班本课程的每一课皆始发于幼儿、联系幼儿生活并回归其生活。教师从创设问题情境开始，与幼儿展开话题讨论，了解幼儿关于主题已有的经验、未知的经验和可拓展的经验，整体把握主题知识、情感、技能的价值取向，制定切实有效的方案，深入主题内涵，拓展主题的相关经验，将主题脉络和框架层层展开，再生成包含生活、游戏、教学、家园同步的主题实施途径，开启持续八周的科学主题班本课程的探索。

幼儿通过家庭或社会调查、物品（材料、图片、相关图书、绘本）搜集、展示认知、观察变化、反复感知探究的系列活动获取越来越多的主题经验，在摆弄中观察、在观察中发现、在发现中比较，科学学习经验在持续的感知中提升。教师通过不断实践、反思、培训、内化、调整，凝聚生活化、实操性、综合性的科学主题课程理念，创设易于幼儿主题操作、表现、多感官参与的全过程以及生活化、活动化、主体性、参与性的主题课程氛围，让幼儿在多元互动、多元表征、表达的过程中参与主题学习与探究，在不断的惊喜和收获中爱上各种观察探索、表达表征活动；班级周边丰富的主题墙面环境呈现了教师与幼儿共同亲历科学主题故事的全过程，展现了科学主题班本课程的学习成果。

科学主题班本课程的实施凝结了教师团队的智慧和心血，得到了中国科学技术大学出版社的大力支持和帮助，在此表示诚挚的谢意！本书具体分工如下：编稿人员包括叶美玲、许育虹、储秋玉、张丹虹、周雅倩、钱梅；撰写人员包括叶美玲、杨宝红、张颖、刘丹、葛晓琳、夏莉、邑丹丹、汪咪咪；提供素材人员包括黄天宇、张思敏、王婷婷、夏莉、朱炼、郑程程、齐琦、余娜。

书稿记载着我们的坚持和努力，承载着我们的思想和希望，寄托着我们对孩子们的支持和激励，记录着孩子们、老师们“一起趣探索”的全过程。其间还存在不足和瑕疵，恳请幼教专家、一线教师同仁们给予批评和指正，愿和你们共勉！

王咏梅

2023年5月

CONTENTS

目录

球

撰写人：张颖

问 题 产 生

幼儿对于球的好奇始于兴趣，乐于玩法，探于疑问。比如“球为什么总是鼓鼓的？”“球除了能玩还能做什么？”“球为什么能弹起来？”这些疑问激发了幼儿对球的探究兴趣。带着这些疑问，我们对“球”这个主题开展了一系列科学探究活动。球的秘密即将揭开……

课 程 目 标

(1) 拓宽关于球的知识储备，从材质、大小、形状等方面感知不同的球。

(2) 通过调查、投票、实验、记录等活动，猜想并探究球的秘密。

(3) 在积极参与和持续体验中保持对球的好奇心和探究热情。

课 程 规 划

球
球的发展史
篮球的演变
星球联盟
酷酷的球衣
足球的演变
球的制作过程
球的对比
材质
大小
生活中的球
形状
球的实验
弹跳实验
滚动实验
亲子“球”实验
球肚的秘密
悬浮实验
球的“朋友”
球拍
球场
球衣
球的乐园
球的种类
我喜欢的球
我设计的球

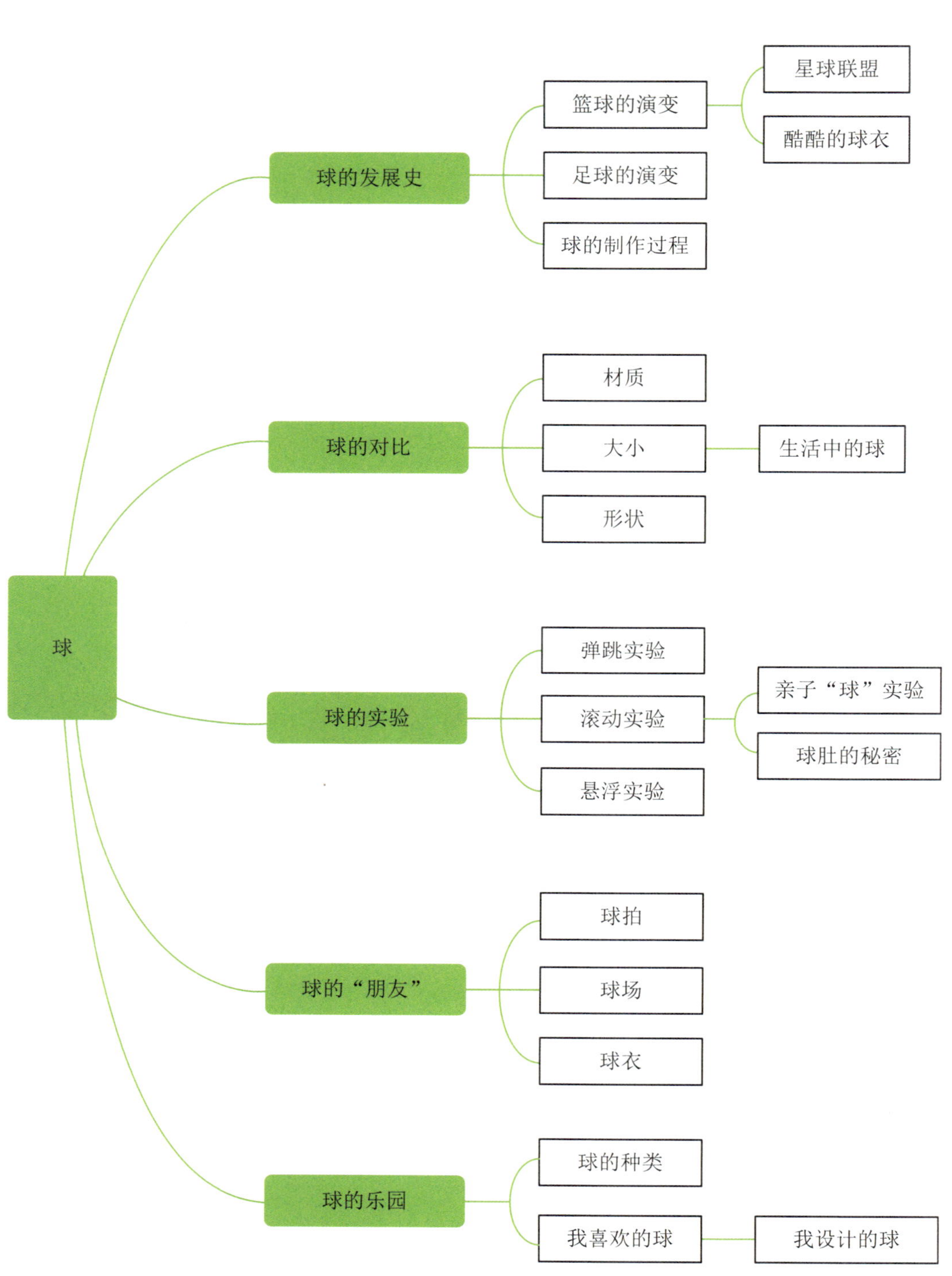

主题游记

内容	基本思路	预设时间
前期准备	搜集和球有关的科学实验，和爸爸妈妈一起玩球，了解球的特点	第 1 周
	请爸爸妈妈为幼儿讲解有关球的故事或绘本	
	设计并逐步增添主墙框架，同时搜集各种球	
涉及领域	语言：小皮球	第 1 周
	健康：好玩的皮球	
	美术：我设计的球	第 3 周
	科学：滚动的球、鼓鼓的球肚	
主墙环境	带领幼儿了解篮球、足球的发展史	第 1 周
	通过多种探索感受不同球的材质、大小、形状等	第 2 周
	通过实验感知球的弹跳、球的滚动等性质	第 2、3 周
	了解并画出球的“朋友”，如球拍、球衣等	第 3 周
	画出不同种类的球并展示	第 4 周
小墙环境	观看星球的图片与视频，了解宇宙中的星球	第 4 周
	与爸爸妈妈共同做关于球的实验	第 5 周
	了解生活中不同球的作用	
	通过观察、学习后画出自己设计的球	第 4 周
	通过实验操作，了解球肚的秘密	
	设计各种酷酷的球衣	第 7 周
主题进区	科学区：科学立柱	第 8 周
	美工区：手工纸球、球体绘画、球的线描画	第 3～5 周
	益智区：球独、球球大富翁、球球大作战、球球翻翻乐	第 6 周
	生活区：打气球、夹球乐	
	语言区：球主题绘本	第 1 周

课程环境

主墙全景

主墙全景如下图所示。

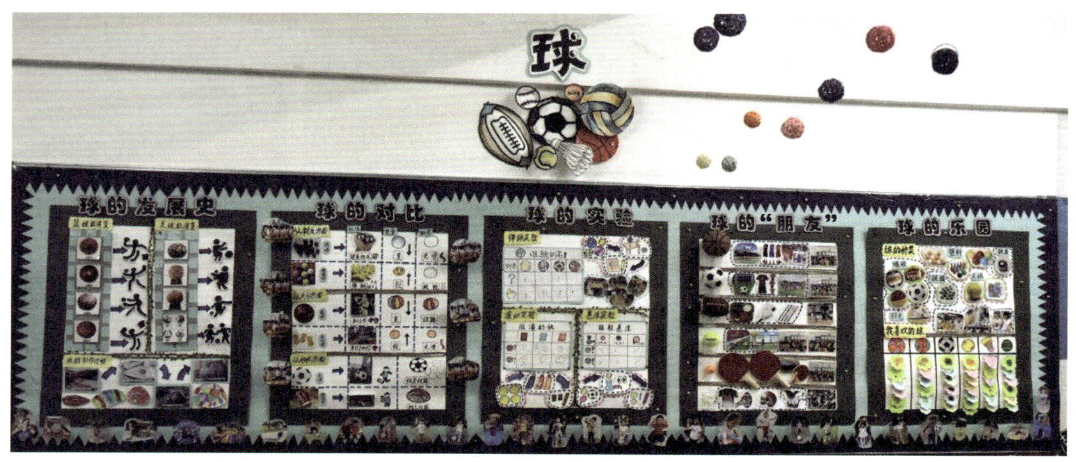

主墙全景

墙面设计

主墙的框架设计是统一规整的板块，主色为深绿色，主题内容整齐地呈现于方块框架之中，整体呈现出“球场”的样貌。主墙共划分为五个分支：球的发展史、球的对比、球的实验、球的“朋友”和球的乐园。

幼儿在球的主题活动中的参与方式是多种多样的，如幼儿可以通过谈话、投票、实验、调查、绘画等方式，从不同的层面感知并探究球的科学性，在探究的过程中积累经验。在一系列的科学探究活动中，幼儿对球有了较全面的认知，他们的动手能力、表达能力、思维能力和审美能力都得到了很好的提高。

分支内涵

1. 球的发展史(幼儿参与方式:讨论、绘画)

球的发展史板块选取了幼儿最熟悉的两种球——篮球和足球,从起源国家、发展历程、玩法等不同的角度带领幼儿深入了解球的演变历程,不仅丰富了幼儿对球的制作过程的认知,也使他们了解了球的发展史。幼儿通过讨论理解球的发展,然后利用绘画的方式将球的发展历程展现出来。

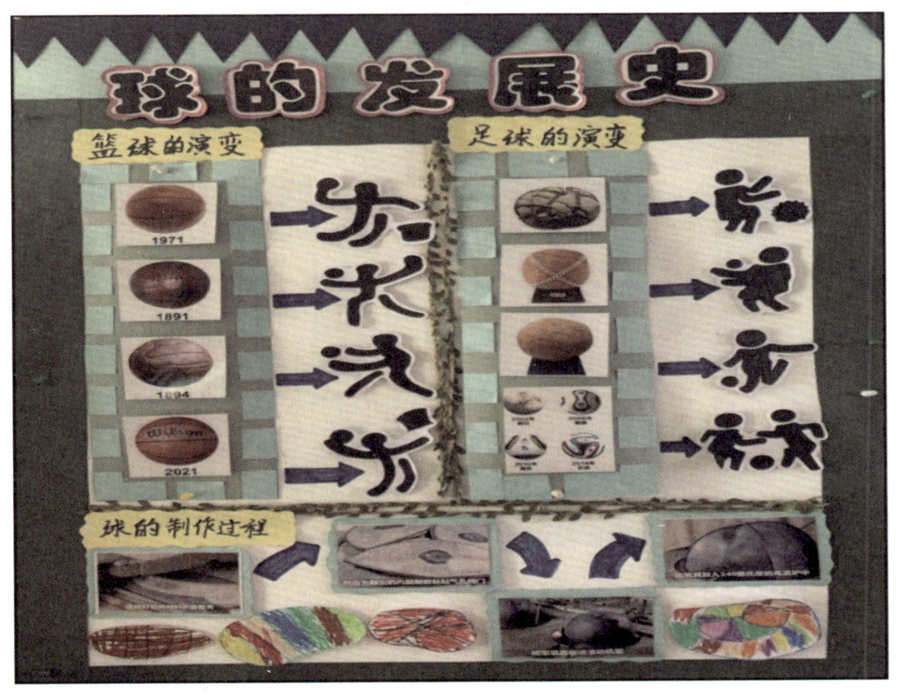

球的发展史分支墙面

幼儿画球的演变过程和球的表面图

2. 球的对比(幼儿参与方式:记录)

通过一系列科学探究活动,我们发现球与球之间有很多的不同。在探索过程中,我们利用两种方式进行球的对比:一种是对球的材质、大小、形状等进行对比;另一种是对球的玩法、重量、触感等进行对比,从而将球的科学性总结得更加详细、具体。同时,鼓励幼儿大胆、自主地比较球与球之间的不同,并尝试用记录的方式参与墙面制作。

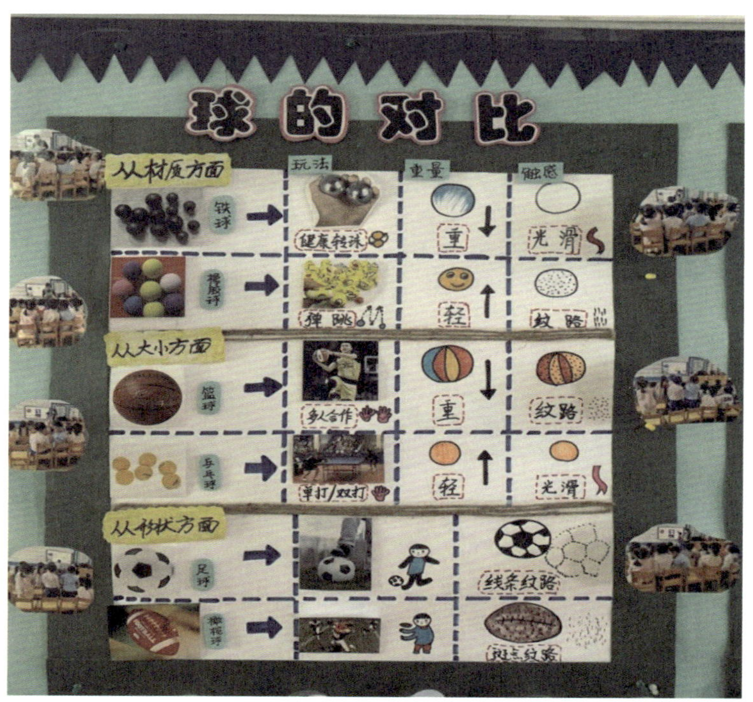

球的对比分支墙面

幼儿进行球的对比

球的对比方式有很多种，如比较球的材质、大小、形状等，我们将对比重心放在了感官上，运用视觉和触觉将不同的球进行对比，如触摸感知铁球和橡胶球的不同，视觉感知篮球和乒乓球的不同等。同时，也可比较球的玩法、重量、触感等。在探究过程中，幼儿首先自己猜想，然后使用工具去测量对比，最后和同伴进行讨论。这样的探究过程可以促使幼儿得出一些不同的结论。

3. 球的实验(幼儿参与方式:绘画、记录)

球的实验板块共分为三个部分，分别为弹跳实验、滚动实验以及悬浮实验。在弹跳实验中，幼儿通过实际操作发现球的轻重会影响球弹跳的高度，轻的球弹跳力大，重的球弹跳力小。实验后，幼儿将自己的发现记录在记录表中。在滚动实验中，幼儿将球放在不同的接触面上滚动，观察球的滚动速度。从幼儿的实验中，我们得知：在同一作用力下，同一种球在光滑的接触面上会滚得很快，在较粗糙的接触面上会滚得较慢，在有棱角的接触面上滚得最慢。在悬浮实验中，我们借助电吹风的风力探索能否将乒乓球、足球或气球吹浮在空中，进一步让幼儿感知球的悬浮与球的轻重是有关系的。实验后，幼儿将实验步骤用绘画的方式记录下来。

球的实验分支墙面

（1）弹跳实验。

弹跳实验如下图所示。

弹跳实验及记录表

（2）滚动实验。

滚动实验如下图所示。

幼儿探索如何让球滚动（踢、吹、推）

不同接触面的滚动实验

不同坡度的滚动实验

（3）悬浮实验。

悬浮实验如下图所示。

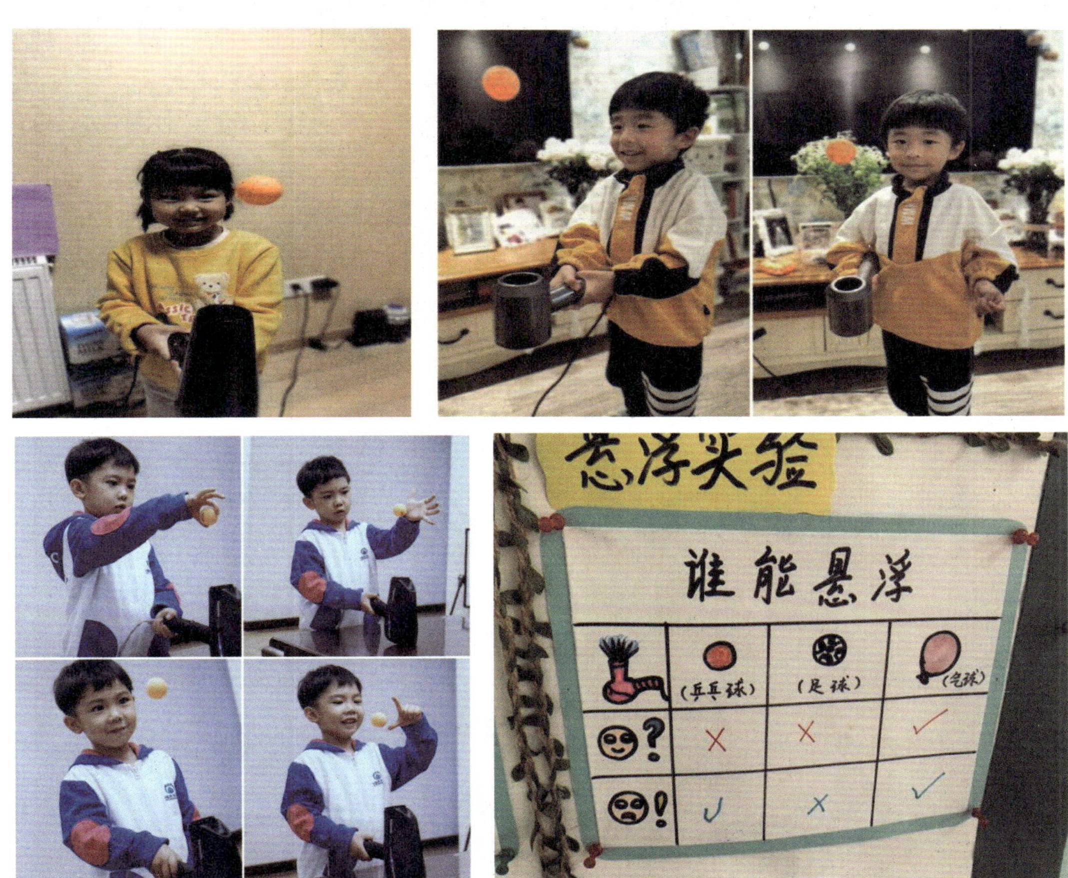

幼儿利用吹风机探索球的悬浮及记录表

4．球的“朋友”（幼儿参与方式：实践）

这个板块主要呈现的是常见的几种球及其配套设施，包括玩具球、球服和球场的图片以及幼儿参与活动的照片。整体框架使用麻线分隔成六块，分别是幼儿熟悉的六种球：篮球、足球、棒球、网球、乒乓球和橄榄球。幼儿从家中带来各种各样的玩具球和球拍，通过家园合作，让幼儿了解各种球匹配哪种球拍、球衣、球场。同时，为了让幼儿真切地感知不同的球，我们也在户外进行了各种球的体育游戏。这一板块的设计，可以帮助幼儿更加了解这六种球，从而为其探索球的不同之处做好经验上的铺垫。

球的"朋友"分支墙面

幼儿体验感知球的"朋友"

幼儿用手感受球拍的触感

幼儿感知乒乓球拍两面的不同

幼儿进行运球游戏

幼儿在户外进行抛球游戏

5. 球的乐园(幼儿参与方式:绘画、投票)

这一板块设计了两部分的内容:一是球的种类,前期幼儿对球的外形特征有了一定的了解,从材质上判断了球的种类,将球大致分为塑料球、铁质球、橡胶球、玻璃球、羽毛球、毛绒球等,并用绘画的形式将它们展现出来。二是我喜欢的球,幼儿在贴纸上画出自己喜欢的球,并通过投票的方式将贴纸粘贴在记录表中对应球类的下方。

感知球的不同材质

球的乐园分支墙面

幼儿画喜欢的球

1. 星球联盟、亲子“球”实验、生活中的球

幼儿观看星球的图片和视频，了解宇宙中不同星球的特征，并尝试画出自己喜欢的星球。家长与幼儿一起做关于球的实验，共同探索球的更多奥秘。观察并发现生活中的球，尝试了解这些球的作用与类别。

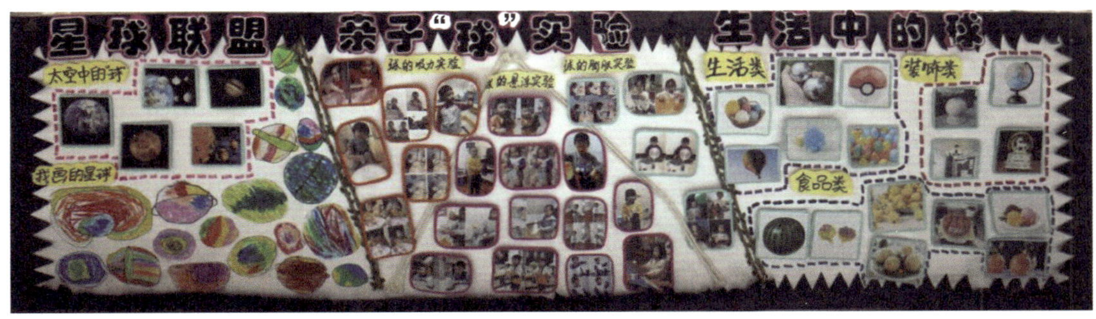

星球联盟、亲子“球”实验、生活中的球小墙墙面

2. 我设计的球、球肚的秘密、酷酷的球衣

球的种类多种多样，幼儿拿起画笔勾勒球的轮廓，并为球增添色彩进行大胆创作。球肚里装着什么呢？幼儿用实际操作去感知、探索并记录球肚里的秘密，在切开球进行验证之前，鼓励幼儿大胆猜想。酷酷的球衣谁不爱？幼儿在了解生活中常见的球衣后，设计出独具特色的球衣。

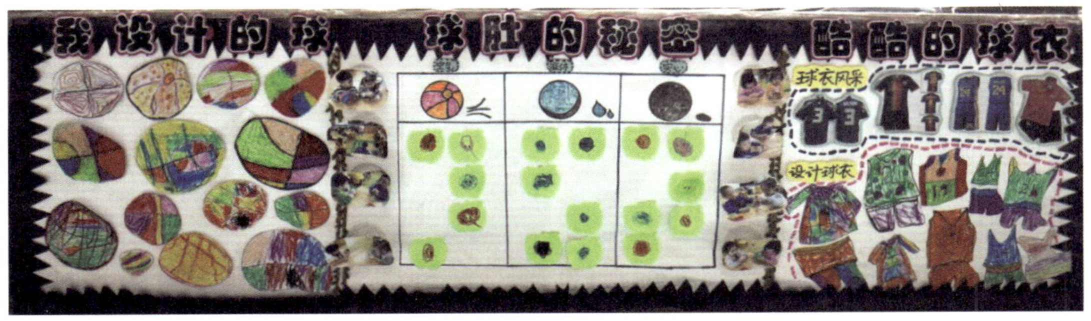

我设计的球、球肚的秘密、酷酷的球衣小墙墙面

我的课程

语言：小皮球

活动目标

（1）理解儿歌内容，感受儿歌的趣味性。

（2）能熟练地边念儿歌边做动作。

活动准备

儿歌《小皮球》。

温馨提示

（1）玩抛接球游戏，引出儿歌内容。

（2）完整跟诵儿歌，熟悉儿歌的整体内容。

（3）变换多种形式诵读儿歌，可采用教师念儿歌的前半句、幼儿接后半句并做动作的方法，进一步巩固幼儿对儿歌内容的理解和记忆。

健康：好玩的皮球

活动目标

（1）喜欢参与玩球游戏。

（2）尝试转、抛、合作搬运等多种玩球的方法。

活动准备

皮球若干。

温馨提示

（1）幼儿自由玩球，自主探索球的多种玩法。

（2）单人玩球：转球、滚球、踢球、抛球。

（3）双人玩球：幼儿尝试合作游戏，如双人捧球、双人胸夹球、双人背夹球。

美术：我设计的球

活动目标

（1）设计自己的球，感受作品的独特性。

（2）自主选择颜色、线条装饰创意球。

活动准备

各种颜色、形状的球若干，彩色笔，蜡笔，图画纸若干。

温馨提示

(1) 比较各种球的图片,发现球的外形及球上图案的不同。

(2) 选择自己喜欢的颜色和线条进行创意绘球。

(3) 欣赏评价,将不同的作品呈现在班级中。

科学:滚动的球

活动目标

(1) 积极思考并解决滚球游戏中的各种困难。

(2) 了解球的滚动速度与坡面倾斜角度有关。

活动准备

不同的球,不同粗糙度、不同长度的板子,积木,椅子,记录纸等。

温馨提示

(1) 进行坡面滚球游戏,指导幼儿利用材料自主搭坡。

(2) 表述探索经验:怎样让小球滚得更快?

(3) 观察不同坡面的实验结果,并总结经验:球的滚动速度与坡面的倾斜角度有关。

(4) 分组进行球的滚动游戏,幼儿记录并大胆表述记录结果。

科学:鼓鼓的球肚

活动目标

(1) 探索球的秘密,体验发现的乐趣。

(2) 通过解剖球,了解实心球和空心球。

(3) 尝试给球打气。

活动准备

搜集各种球和打气筒。

温馨提示

(1) 通过谈话和讨论,猜测鼓鼓的球肚里装的究竟是什么。

(2) 解剖皮球、网球、泡沫球、乒乓球等并进行观察,表述观察结果。

(3) 幼儿给皮球打气,感知球肚的膨胀。

科学区

科学立柱

玩法提示:科学立柱共分为六个面。① 赛一赛:观察球在不同倾斜角度的泡沫板上滚下,哪个速度更快一些。② 比一比:比较相同的球在不同的运动轨迹上滚动速度的快慢。③ 立球大 PK:观察在不同大小的圆筒上,哪种球立得最稳。④ 找朋友:帮不同的球找到相应的球场。⑤ 分一分:通过触摸感受球的不同材质并进行分类。⑥ 滚一滚:让球从倾斜角度不同的泡沫板上滚下。

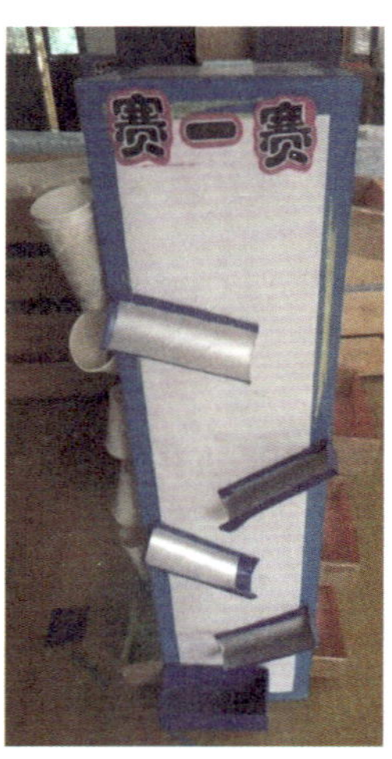

科学立柱

手工纸球

玩法提示：将不同的废纸握、揉成团，然后用透明胶带将纸球裹起来。

手工纸球

球体绘画

玩法提示：在白色的大泡沫球上画上自己喜欢的图案，并涂上颜色。

球体绘画

球的线描画

玩法提示：根据各种线条提示，在球体上进行线描画设计。

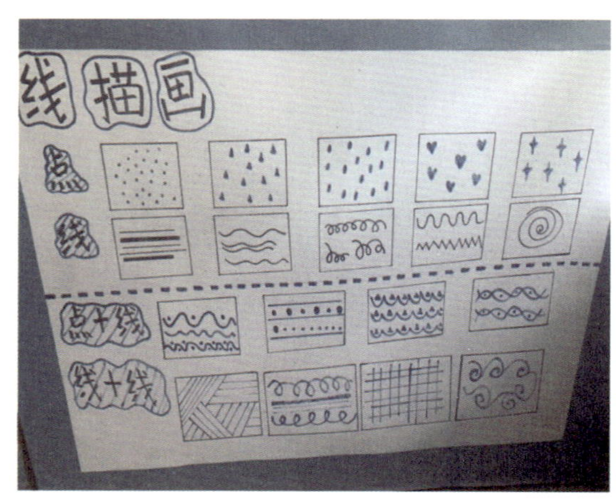

球的线描画

益智区

球独

玩法提示：① 将球填入空格中，使每横行的球不同。② 将球填入空格中，使每横行、每竖行的球都不同。③ 自由设计规则，将球填入空格中。

球独

球球大富翁

玩法提示：掷骰子，骰子上的数字为前进步数，以此赢得对应的球的卡片，当得到的卡片达到一定数量时，就可以兑换球卡，最终看谁兑换的球卡多，谁就获胜。

球球大富翁

球球大作战

玩法提示：两人一起在九宫格中摆球，一人选一种球，谁先摆出“三球一线”的格局，谁就可以在记录表上画一个钩。谁画的钩数多，谁就获胜。

球球大作战

球球翻翻乐

玩法提示：将所有球体卡片翻过来放在底盘中，每一张球体卡片下面还有一张球体卡片，但不一定和上面的球体卡片相同，看谁能够翻出一样的球体卡片，谁就能获得1分。得分多者获胜。

球球翻翻乐

生活区

打气球

玩法提示：先组装打气筒，再将气球的口套到打气筒的气嘴上，然后一只手捏住气球口，另一只手用力打气。

打气球

夹球乐

玩法提示：用不同的工具夹球，感知不同工具夹球的方法。

夹球乐

语言区

球主题绘本

自主选择阅读有关球的主题绘本。

球主题绘本

鞋子

撰写人：葛晓琳

餐后活动时，幼儿总喜欢聚在一起瞅一瞅脚上的鞋子，“为什么不能一季只穿一双鞋？”“为什么运动鞋冬天、夏天都能穿？”“为什么动物可以不穿鞋，而人要穿鞋？”……结合幼儿的兴趣，我们开展了关于“鞋子”的主题探究活动。该活动引导幼儿感知并了解鞋子的基本结构与特征，发现鞋子的结构和功能之间的关系。通过对各种各样的鞋子进行探究活动，了解简单物理现象产生的条件和影响因素，认识周围的事物，初步了解人们的生活与鞋子的密切关系，逐步养成喜欢探究、善于探究的良好学习品质。

问题墙

课程目标

（1）了解常见鞋子的种类、结构和功能等特征，感受鞋子的多样性，初步认识鞋子与人们生活的关系。

（2）在探究体验的过程中，大胆联想、积极动手动脑寻找答案并解决问题。

（3）能够运用统计、实验、调查等方式对鞋子进行猜测和验证。

课程规划

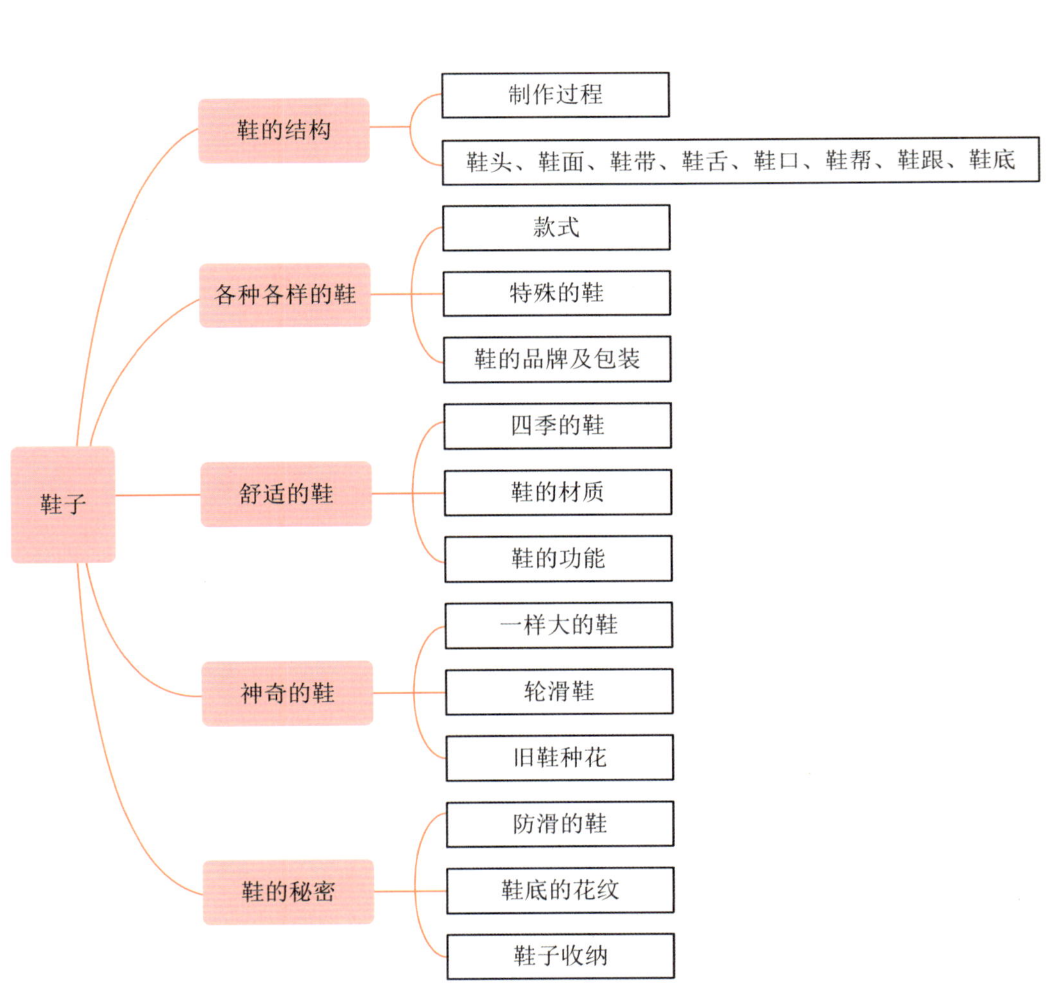

主题游记

内容	基本思路	预设时间
前期准备	搜集有关鞋子的绘本和爸爸妈妈一起阅读	第 1 周
	搜集物料(鞋子),了解各种鞋子的名称	
	与爸爸妈妈一起做关于鞋子的调查	
	讨论拟定主题框架	
涉及领域	科学:防滑的鞋、我们的鞋子	第 2 周
	美术:我眼中的鞋	
	音乐:请看我的新鞋	第 3 周
	语言:“会叫”的鞋子	
主墙环境	组织幼儿讨论与鞋子相关的问题	第 1 周
	了解鞋子的构造和制作过程	
	认识各种鞋子,丰富幼儿关于鞋子的认知	第 2 周
	了解各种鞋子的舒适度,感受鞋子的功能	
	通过旧物改造,发现鞋子的神奇之处	第 3 周
	通过调查发现鞋子的各种小秘密	第 4 周
小墙环境	通过实际操作掌握各类鞋带的使用方法	第 1 周
	探究鞋底的花纹,进行关于鞋子的防滑实验	第 2 周
	测量不同鞋跟的高度,了解鞋跟的外部特征	
	搜集并了解幼儿与鞋子之间的故事,了解鞋子的多样性	第 3 周
	通过实际操作掌握管理鞋子的方法	第 4 周
	利用趣味游戏引起幼儿对鞋子的兴趣	
	发挥幼儿的创造力,呈现各类具有特色的鞋子	第 5 周
主题进区	科学区:科学立柱	第 7 周
	美工区:鞋子创意画、DIY 鞋子、好玩的溜冰鞋、鞋子广告画、黏土虎头鞋、创意鞋制作	
	生活区:系鞋带、缝鞋垫、放鞋子	第 5 周
	益智区:序列游戏、对对碰与数一数、鞋子去哪了、走几步、鞋子拼图	第 6 周
	语言区:鞋主题绘本、故事排序、量词和动词、我会认、看图接龙、穿哪双鞋	第 8 周

课程环境

主墙全景

主墙全景如下图所示。

主墙全景

墙面设计

主墙以轻快明亮的颜色作为主色调，板块间蓝黄交替，整体看起来就像鞋柜一样。主墙的四周，则利用小盒子进行装饰，既符合鞋子的主题，又可以盛放幼儿自创的鞋子。为了将鞋子的元素更多地呈现在墙面上，各板块之间选用“鞋带”进行装饰，各级标题也有颜色区分。主墙共分为五个分支：鞋的结构、各种各样的鞋、舒适的鞋、神奇的鞋、鞋的秘密。

五大分支的科学探究，让幼儿从各个方面了解鞋的用途、结构、特征等方面的知识，并通过实验、调查、统计、记录、绘画、讨论等多种方式探究鞋子的秘密。随着主题探究活动的开展，幼儿对鞋子有了更深入的认识，了解到鞋子在日常生活中起到的重要作用。

分支内涵

1. 鞋的结构(幼儿参与方式：讨论、绘画、做手工)

我们采用相同大小的盒子做成鞋盒，幼儿通过讨论并用不同材质的纸设计各种样式的拖鞋摆入盒子之中，以此作为墙面的边框，展示每个幼儿的“个性拖鞋”。幼儿在给鞋的鞋头、鞋面、鞋带、鞋舌、鞋口、鞋帮、鞋跟、鞋底涂色的过程中，感受鞋子不同部位的形状特点，知道鞋带是软的，鞋帮是硬的。让幼儿观看鞋子制作过程的视频，并尝试用黏土制作鞋子。

鞋的结构分支墙面

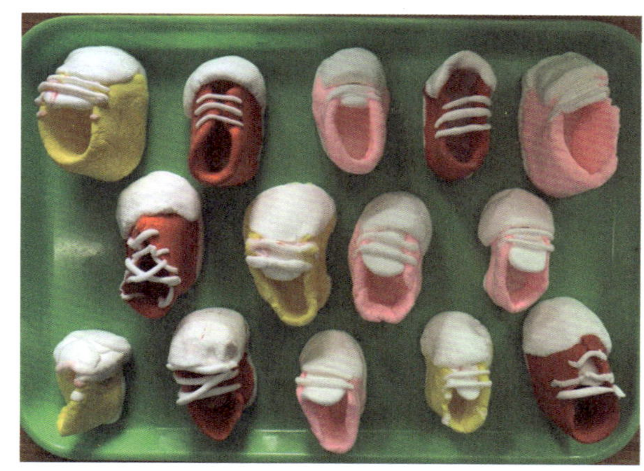

用黏土制作鞋子

幼儿画鞋子

2. 各种各样的鞋(幼儿参与方式：搜集实物、临摹、绘画)

在学习各种各样的鞋之前，幼儿先搜集、观察身边常见的鞋子，了解它们的外形特点，知道鞋子也可以按功能、厚薄、鞋跟高矮等进行分类，然后临摹自己喜欢的鞋子。接着画出个别鞋子的特殊使用场景，知道鞋子的特殊功能。幼儿还可以通过讨论了解鞋子的品牌及包装等。

各种各样的鞋分支墙面

幼儿在画不同款式的鞋子

3. 舒适的鞋（幼儿参与方式：连线、触摸、讨论、绘画、试穿）

幼儿通过探究发现，原来舒适的鞋子受温度、材质、功能的影响，在夏季荷花盛开时穿凉鞋；在冬季下雪时穿棉鞋；在下雨天穿胶鞋；在跳舞时穿软底舞鞋。有的鞋透气凉爽，有的鞋柔软轻便……在讨论、绘画后让幼儿根据情境连线匹配相应的鞋子。也可以利用实物，让幼儿触摸并试穿感知鞋子的功能，感受鞋子与人类生活的密切联系。

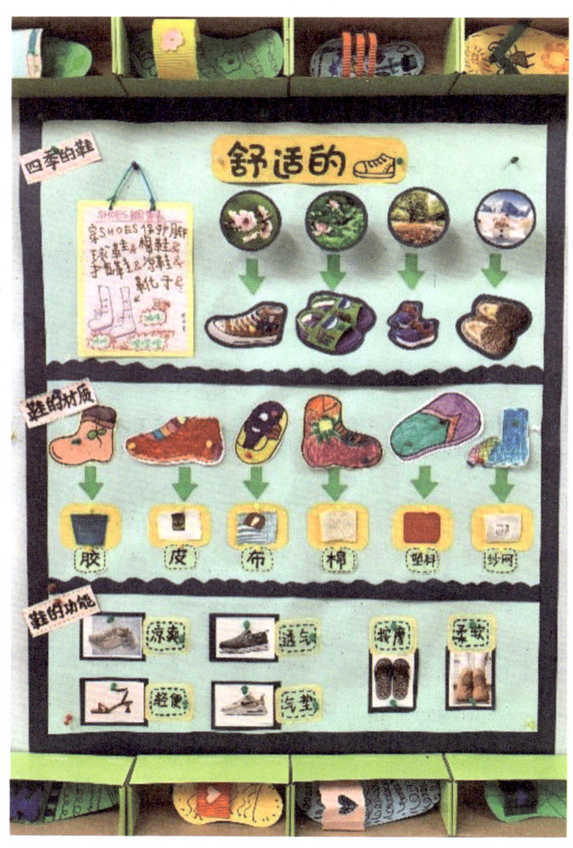

舒适的鞋分支墙面

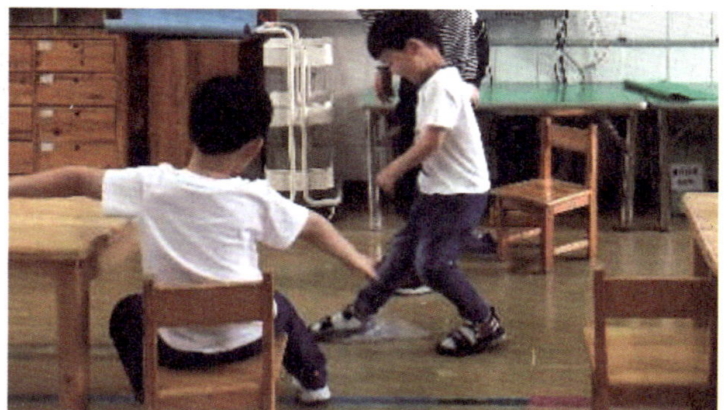

幼儿触摸、试穿鞋子

4. 神奇的鞋(幼儿参与方式:对比观察、旧物改造、搜集照片、绘画、种植)

“小鞋子,好朋友,一只左来一只右,穿对了点头笑,穿错了两边跑。”通过对比观察发现,幼儿脚下同一双鞋子的鞋码是一样大的,而且花纹也是一样的。幼儿通过搜集轮滑鞋的照片并画出它们,体会轮滑鞋的趣味性以及轴与滚轮间相互作用的神奇之处。同时从利旧利废的角度出发,讨论废旧鞋子的其他功能。幼儿可以抽取鞋带、打开鞋舌进行实物改造,也可以通过绘画、在鞋子里种花等形式丰富幼儿关于鞋子及种植过程的认知体验。

神奇的鞋分支墙面

幼儿对鞋垫进行配对

师幼小组种植

5. 鞋的秘密(幼儿参与方式:绘画、拓印、洗、晒、收纳)

在探究鞋子的秘密时,幼儿通过绘画展示不同类型的鞋子,了解鞋底的花纹会使鞋子的耐磨性发生变化。幼儿通过拓印鞋底及设计鞋底的花纹感知纹路疏密、深浅与防滑的关系。丰富幼儿对清洗溶剂和工具的认知,体验洗鞋和晒鞋,学习收纳鞋子的方法,培养幼儿爱惜物品、收纳整理的意识。最后,幼儿以照片、绘画的形式呈现实践操作的全过程。

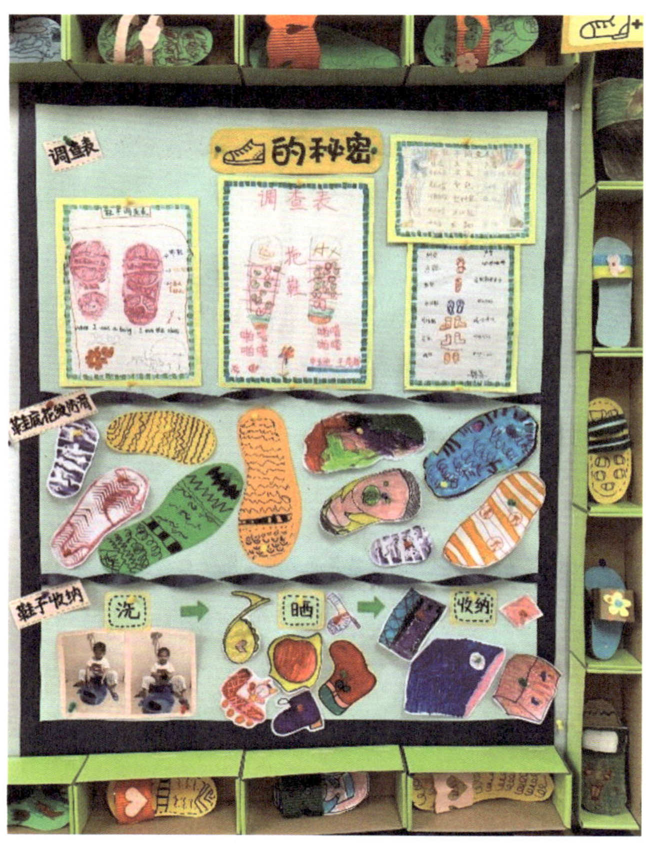

鞋的秘密分支墙面

幼儿感知鞋底的花纹

幼儿探究不同鞋子的洗、晒、收纳方法

小墙设置

1. 鞋带的秘密

搜集身边的鞋带，触摸并感知不同材质（如绳子、弹力带、收缩绳等）的鞋带，了解系鞋带的方法，并通过绘画展示出鞋带的纹路。

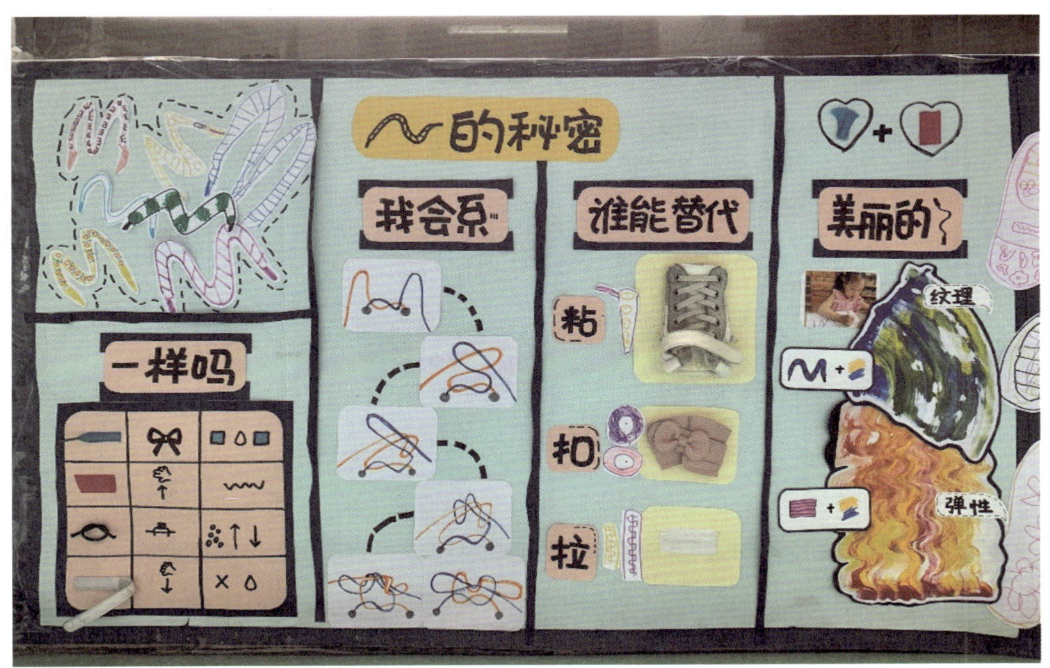

鞋带的秘密小墙墙面

幼儿画不同类型鞋带的纹路

幼儿系鞋带

2. 鞋底的秘密

在相同的倾斜角度、相同的接触面上，幼儿记录鞋子自然下滑所用的时间，初步探究鞋底纹路深浅、疏密、材质与下滑速度的关系，进而开展关于鞋子的防滑实验。同时，幼儿通过触摸感知鞋子浸入水中后内部的湿润度，了解鞋子的防水性能。在鞋子里面放入圆形黏土，探究重物从上而下落在鞋面后，鞋中圆形黏土的变形程度，以此判断不同鞋面保护力的差异。还可以进行鞋垫横切面的对比观察，选出最舒适的鞋垫，知道鞋垫对于减震具有很大的作用。

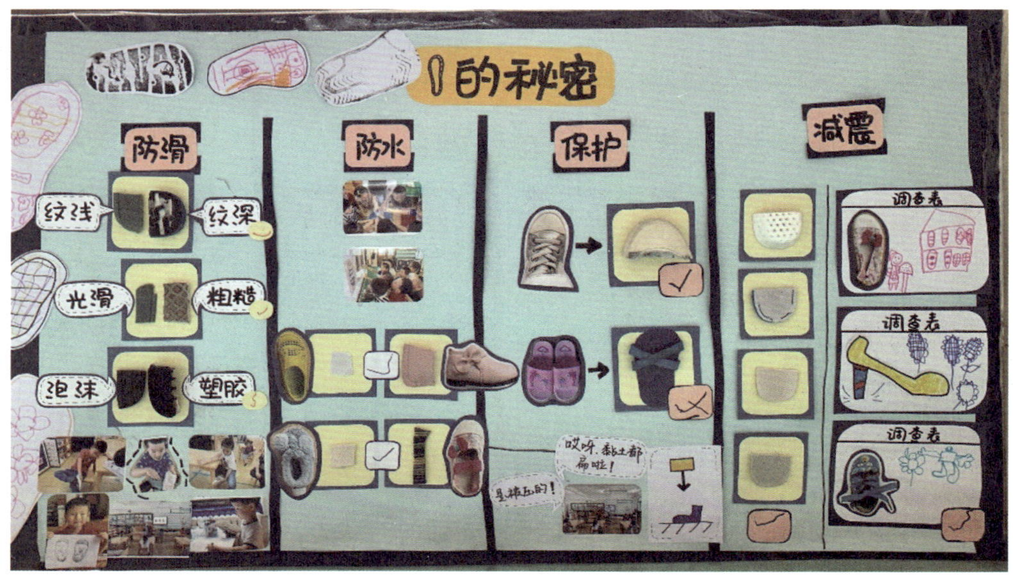

鞋底的秘密小墙墙面

幼儿感知鞋面、鞋底的特性，进行关于鞋子的防滑实验

3. 鞋跟的秘密

使用身边的工具（如橡皮、水彩笔、瓶盖）测量鞋跟的高度、鞋底的长度、鞋面的宽度，用记录表记录测量数据，并观看视频了解极细高跟鞋鞋跟的力量，画出鞋跟的外部特征。

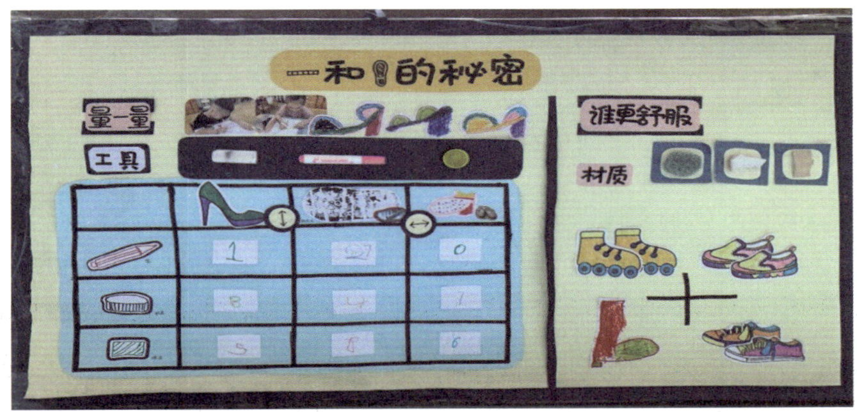

鞋跟的秘密小墙墙面

幼儿测量鞋底的长度

4. 鞋子展览馆

开展“我搜集的鞋”“我眼中的鞋”“寻找鞋”的活动，搜集并了解幼儿与鞋子之间的故事，了解鞋子的多样性。

鞋子展览馆小墙墙面

5. 鞋子管理

以绘画的形式呈现不同类型的清洗工具，如手持的、电动的、化学粉末的。通过讨论和实物感知，了解鞋子的“亲密伙伴”，如防磨脚的后跟贴，可增加高度的鞋垫，保持清洁的鞋套、鞋袋，方便穿着的鞋拔等工具。通过丰富的实践认知活动，带领幼儿共同探索鞋子管理方面的内容。

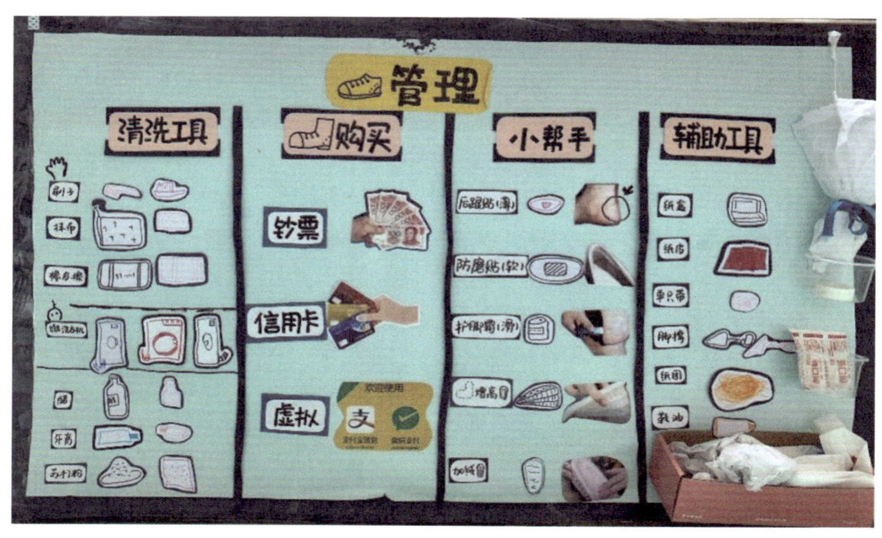

鞋子管理小墙墙面

6. 鞋子小游戏

利用幼儿园内的器械和设施，带领幼儿展开与鞋子有关的游戏，如穿大鞋、鞋子摆字等。借用鞋子进行有趣的错位拍照游戏，感受近大远小的视觉差现象。

鞋子小游戏小墙墙面

7. 鞋子 DIY

我们对不同的材料进行分类，包括颜料类、黏土类、瓶盖类、鞋盒类等。同时，我们在墙面创设了溜冰鞋、虎头鞋、变装鞋等板块，并贴上幼儿制作鞋子的照片。

鞋子 DIY 小墙墙面

幼儿制作虎头鞋

幼儿制作溜冰鞋

我的课程

科学：防滑的鞋

活动目标

(1) 通过鞋底的花纹感知摩擦力及其作用，了解不同功能的鞋鞋底花纹的不同。

(2) 对身边的各类摩擦现象产生兴趣。

活动准备

丝袜、一次性鞋套、防滑垫、拖鞋、凉鞋、轮胎、纸杯、篮球等。

温馨提示

(1) 以故事情境导入，激发幼儿的探究兴趣。

(2) 引导幼儿观察自己的鞋子，比较鞋底花纹的样式。

(3) 以小组合作的形式观察不同鞋底的鞋子在滑板上下滑时的状态，探究速度快慢和鞋底材质间的关系。鼓励幼儿联系生活，拓展延伸其他带有花纹的东西。

科学：我们的鞋子

活动目标

(1) 感知、探究鞋子的基本特点和作用。

(2) 通过观察、比较、操作，总结鞋子的优点。

(3) 描述自己喜欢的鞋子，了解不同的鞋子用于什么时候。

活动准备

各种鞋子若干、鞋子的图片若干。

温馨提示

(1) 介绍自己的鞋子，了解鞋子的组成部分。

(2) 比较不同鞋子的材质、款式、厚薄等特征。

(3) 激发幼儿思考，进一步了解鞋子的制作过程。

美术：我眼中的鞋

活动目标

(1) 观察自己鞋子的明显特征，运用多种线条画出鞋子。

(2) 通过画鞋子的过程加深对鞋子结构的了解，并与同伴互相介绍自己的作品。

活动准备

记号笔、油画棒、鞋子的照片。

温馨提示

(1) 谈话导入,激发幼儿参与创作的兴趣。

(2) 了解鞋子的结构,讨论绘画的方法。

(3) 教师巡回指导,幼儿分享并介绍自己的作品。

音乐:请看我的新鞋

活动目标

(1) 在说说、听听、看看的过程中,逐步熟悉歌曲内容,感受歌唱的乐趣。

(2) 在用肢体动作展现新鞋的同时,感受歌曲轻松舒缓的特点,感受拥有新鞋时愉快的心情。

活动准备

课件、新鞋子若干。

温馨提示

(1) 播放课件,欣赏鞋子的图片,幼儿自由发言,说说不同种类的鞋子、自己喜欢的鞋子。

(2) 欣赏歌曲,感受节奏,教师引导幼儿理解歌词。

(3) 增加肢体动作,进一步感受拥有新鞋时愉快的心情,鼓励幼儿大胆表现。

语言:"会叫"的鞋子

活动目标

(1) 理解故事内容,知道有趣的鞋子穿在脚上不能影响别人。

(2) 倾听故事,对各种鞋子产生兴趣。

活动准备

一双"会叫"的鞋子、关于鞋子的绘本。

温馨提示

(1) 穿"会叫"的鞋子,引出故事。

(2) 看图讲述时使用关键性提问引导幼儿关注画面细节。

(3) 在讲述的过程中要对幼儿的创造性语言给予及时肯定。

科学区

科学立柱

玩法提示:科学立柱共分为四个面。① 穿一穿:为不同款式的鞋子穿鞋带。② 擦一擦:

使用牙刷、擦鞋布、清洗剂这些清洁工具擦洗鞋子。③ 找一找：在许多鞋子中找到一样的鞋子。④ 分一分：根据鞋子的款式对鞋子进行分类，并将其放在盒子中。

科学立柱

美工区

鞋子创意画

玩法提示：在格子纸上按一定的规律涂色；选择自己喜欢的鞋子款式在刮画纸上进行绘画。

格子纸

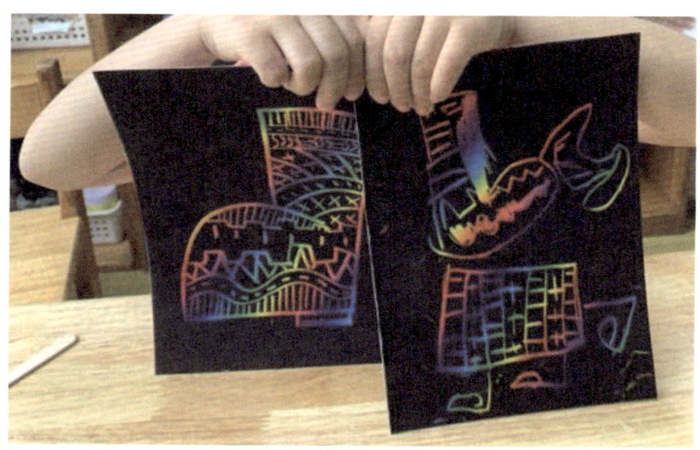

刮画纸

DIY 鞋子

玩法提示：临摹鞋子；用线条或者图案创造性地设计鞋子。

幼儿临摹鞋子

设计鞋子

好玩的溜冰鞋、鞋子广告画

玩法提示：先在白纸上创设出自己喜欢的溜冰鞋款式，再用吸管当作冰刀装饰溜冰鞋；利用颜料进行刷染游戏，也可以对鞋底、鞋垫进行创意设计。

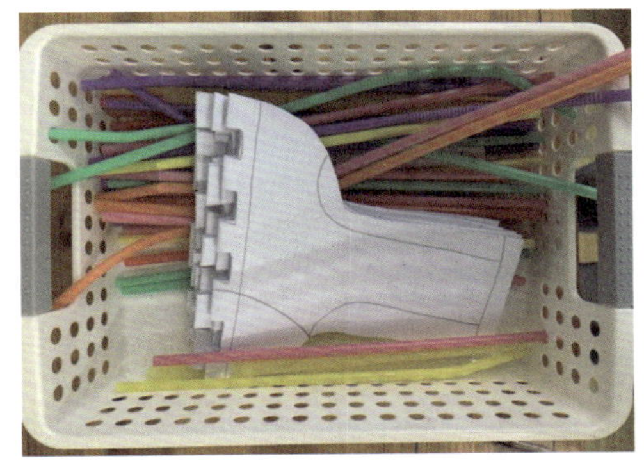

好玩的溜冰鞋

鞋子广告画

黏土虎头鞋

玩法提示：在准备好的鞋子材料上用黏土进行装饰。

黏土虎头鞋

创意鞋制作

玩法提示：用黏土、瓶盖、吸管等美工区材料装饰不穿的旧鞋子。

装饰好的鞋子

装饰好的鞋子侧面

生活区

系鞋带、缝鞋垫

玩法提示：在有孔的废旧盒子上练习系鞋带；在有孔的鞋垫上练习穿线。

幼儿系鞋带

幼儿缝鞋垫

放鞋子

玩法提示：幼儿单手握住贴有鞋子的透明圈，另一只手拿带有不规则线条路径的鞋盒，幼儿需通过转动手腕，将鞋子按照规定的路径放在鞋盒中。

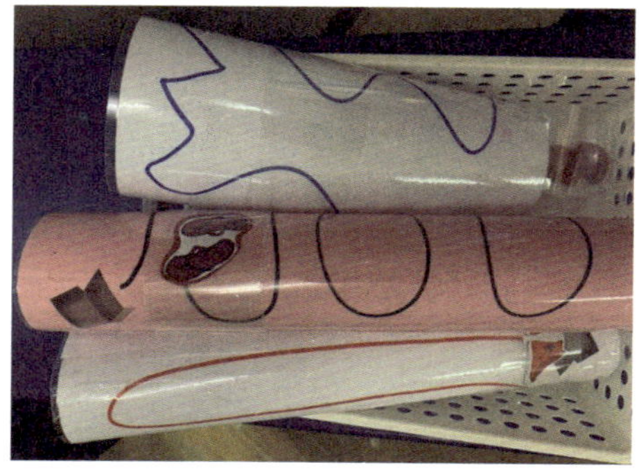

放鞋子材料

益智区

序列游戏

玩法提示：按照密码和规律，将鞋子摆在正确的位置。

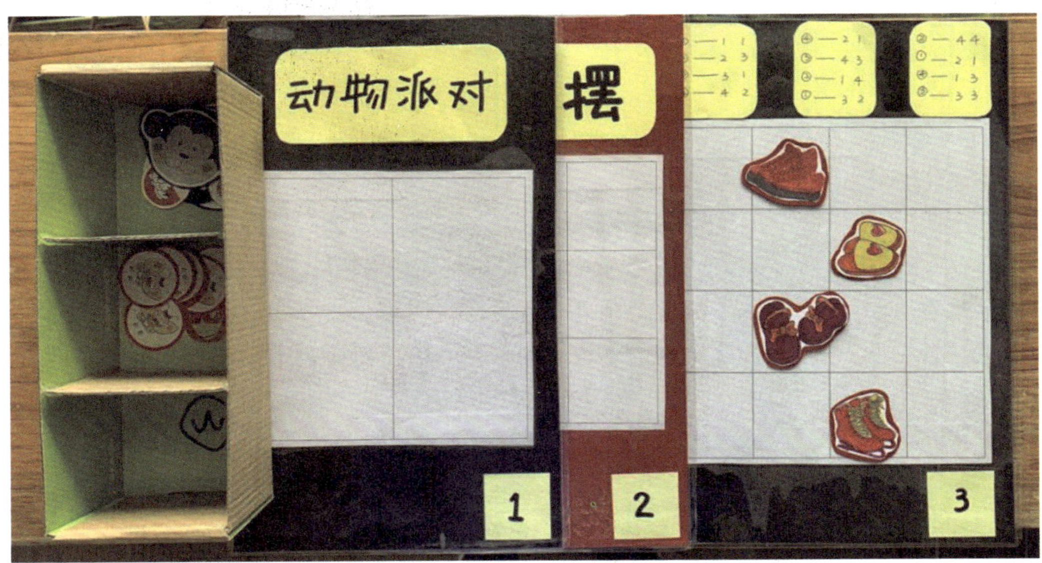

序列游戏

对对碰与数一数

玩法提示：幼儿在各式各样的鞋子卡片中找出相同数字的鞋子进行配对；数一数图片中有几只一样的鞋子，并且在鞋子数量记录表中填写正确的数量。

对对碰

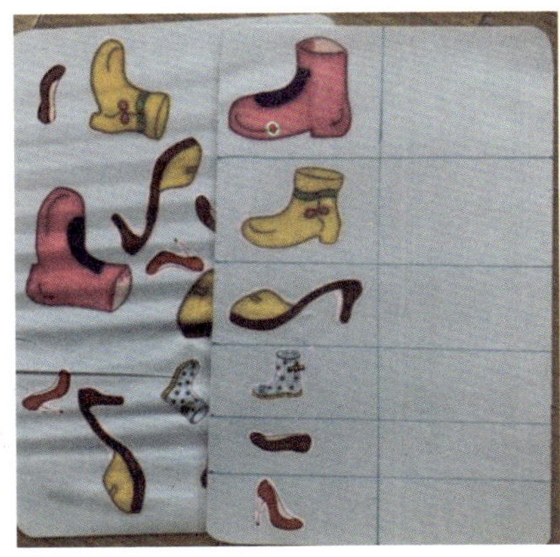

数一数

鞋子去哪了

玩法提示：根据材料上的箭头在方格上行走并寻找鞋子。

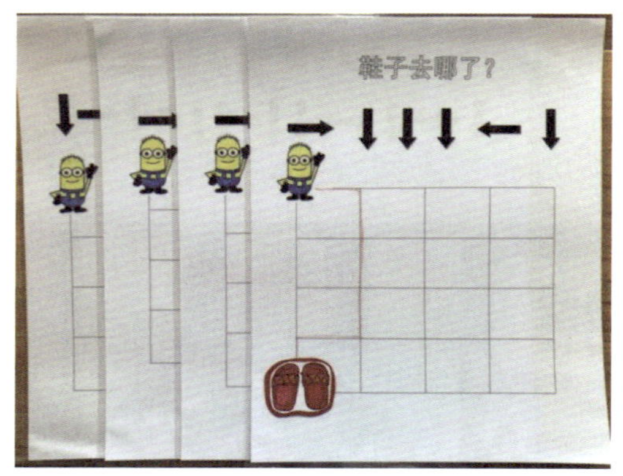

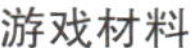
游戏材料

幼儿进行“鞋子去哪了”游戏

走几步

玩法提示：两人合作游戏，轮流掷骰子，鞋子所走步数与所掷骰子点数相同。最先到达终点者获胜。

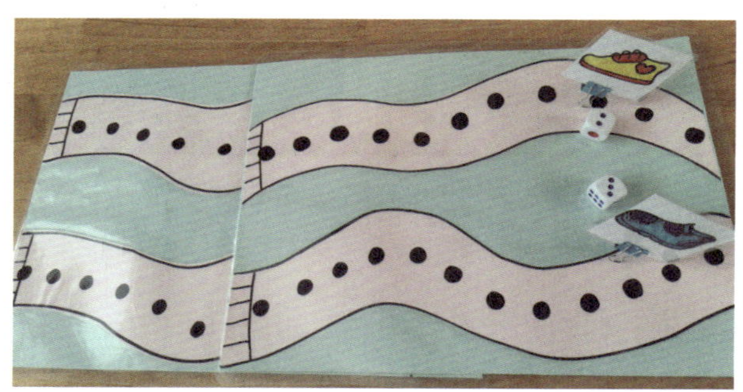

走几步

鞋子拼图

玩法提示：把零散的鞋子图片进行拼合，最终拼成完整的鞋子图片。

鞋子拼图

鞋主题绘本、故事排序

幼儿自主阅读，并在阅读后将书籍摆放在相应的区域；幼儿根据自己对故事情节的理解将图片进行排序，排序后完整讲述故事。

鞋主题绘本

故事排序

量词和动词

玩法提示：选择正确的量词或动词和卡片上的内容进行一一对应。

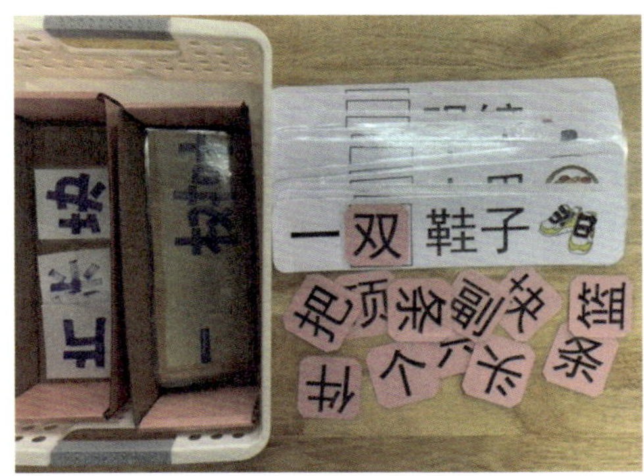

量词

动词

我会认、看图接龙

玩法提示：认出鞋子的正确部位，将字卡放到鞋子的正确部位上；看图说物，词语接龙。

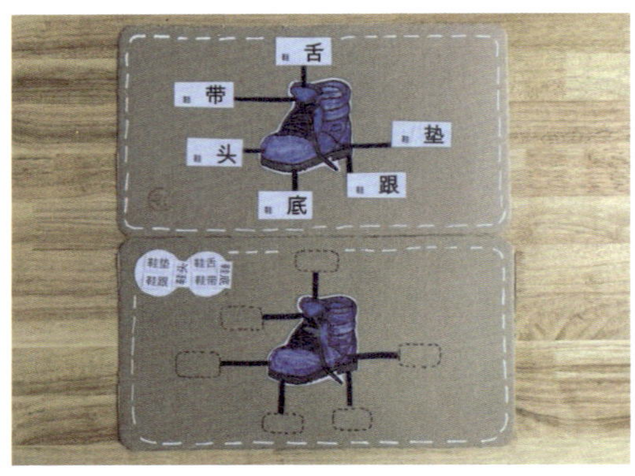

我会认

看图接龙

穿哪双鞋

玩法提示：连线游戏，为不同的生活场景选择适宜的鞋子，并口述出来。

穿哪双鞋

管子

撰写人：杨宝红

问题产生

我们在班级的科学区投放了管子材料，幼儿在游戏中对管子进行探究，产生了很多疑问，“管子有哪些形状?”“管子里可以运什么?”“管子坏了怎么办?”……关于管子的主题探究活动顺势而生，该活动引导幼儿关注生活中常见的事物，通过一系列的操作、探索，发现管子蕴含的秘密，使幼儿在与管子的密切接触中，养成善于观察、发现，乐于实践、探究的品质。

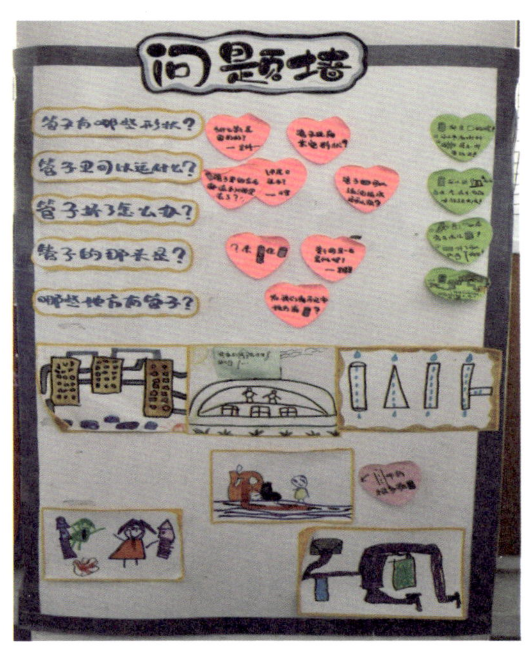

问题墙

课程目标

（1）丰富管子的相关知识，拓展对管子的种类、作用和材质等方面的认知。

（2）运用观察、操作、调查、记录等方式进行主题探究。

（3）能在积极参与和持续体验中，保持对管子的好奇心和探究的欲望。

课程规划

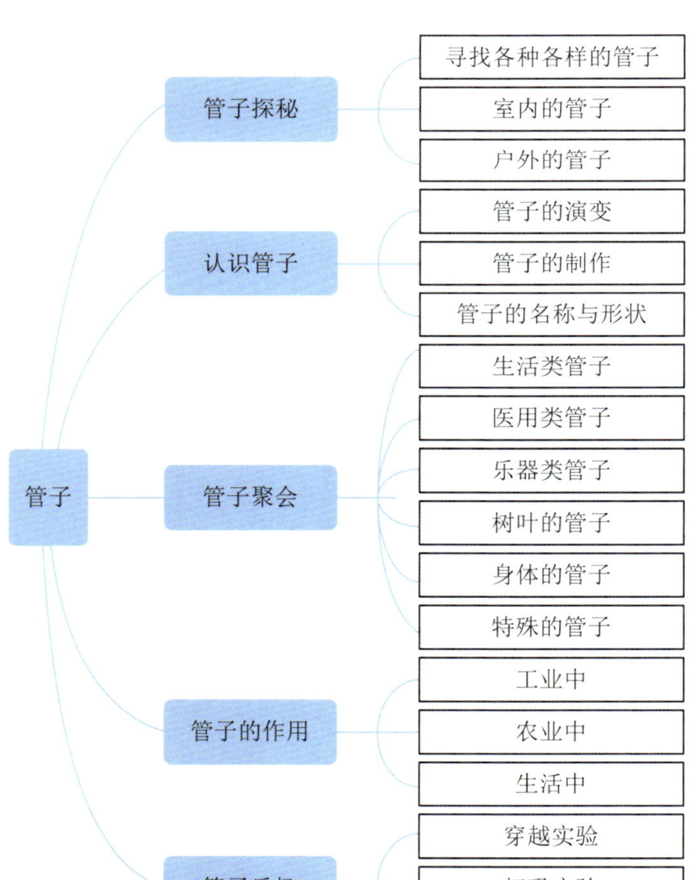

主题游记

内容	基本思路	预设时间
前期准备	和爸爸妈妈一起搜集各种管子，观察各种管子	第 1 周
	搜集和管子有关的实验，培养幼儿对管子实验的兴趣	
	征集幼儿关于管子的各种问题并进行整理	
	搜集有关管子的绘本	
涉及领域	科学：好玩的管子、身体里的管子、管子找“朋友”	第 3 周
	美术：管子吹画、我设计的管子	第 2 周
	语言：管子的故事	
	健康：管子游戏	第 4 周
主墙环境	寻找室内、室外的管子，并对管子进行分类统计	第 1 周
	通过绘本、视频等方式了解管子的演变、制作步骤、名称及形状	
	搜集各种管子并将其分类	第 2 周
	通过多种方式了解管子的各种作用	
小墙环境	通过课堂学习了解树叶的管子与身体里的管子	第 3 周
	了解生活中特殊的管子，利用管子做实验	第 4 周
	了解管子的保养与再利用	第 5 周
主题进区	科学区：科学立柱、风的游戏	第 6 周
	美工区：吸管花、创意 DIY	第 8 周
	益智区：管子拼图、管子配对	第 7 周
	语言区：管子主题绘本	第 5 周

课 程 环 境

主墙全景

主墙全景如下图所示。

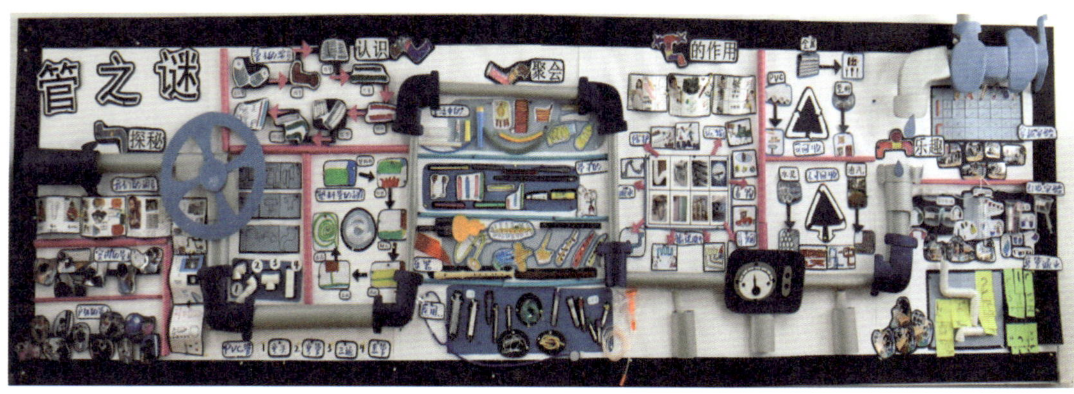

主墙全景

墙面设计

主墙以灰色、蓝色、白色为主色，用粗细不同的管子对墙面进行划分，不仅贴合了管子这一主题，而且能展现金属管子的质感。为了将管子的元素更直观地呈现在墙面上，每个板块都以纸管来划分，整个墙面呈现出一种情境性。主墙共划分为五个分支：管子探秘、认识管子、管子聚会、管子的作用、管子乐趣。

随着五大分支内容的开展，幼儿通过绘画、手工、调查、投票、实验、记录、讨论等方式从各个层面探究管子的用途、材质等方面的知识，挖掘管子所蕴含的科学元素，以多元参与、多元呈现的方式展现出无限的创造力。由生活中的常见物品——管子触发幼儿全面思考、深度学习，以一段充满欢乐的探索之路启发幼儿乐于观察、喜于创造。

分支内涵

1. 管子探密(幼儿参与方式：调查、绘画、统计)

在这个板块中，幼儿寻找各种各样的管子，并将其分类。在幼儿对管子有一定的认知后，再进行绘画，并统计管子的类别。

管子探秘分支墙面

幼儿寻找各种各样的管子

2. 认识管子(幼儿参与方式:认知、绘画)

幼儿观看视频了解管子的演变过程,在绘本阅读中了解塑料管的制作过程,并画出塑料管的制作步骤。在认识水管的过程中,幼儿通过摸一摸、玩一玩、画一画来认识直管、弯管、三通管,了解它们的名字与形状。

幼儿认识各种管子

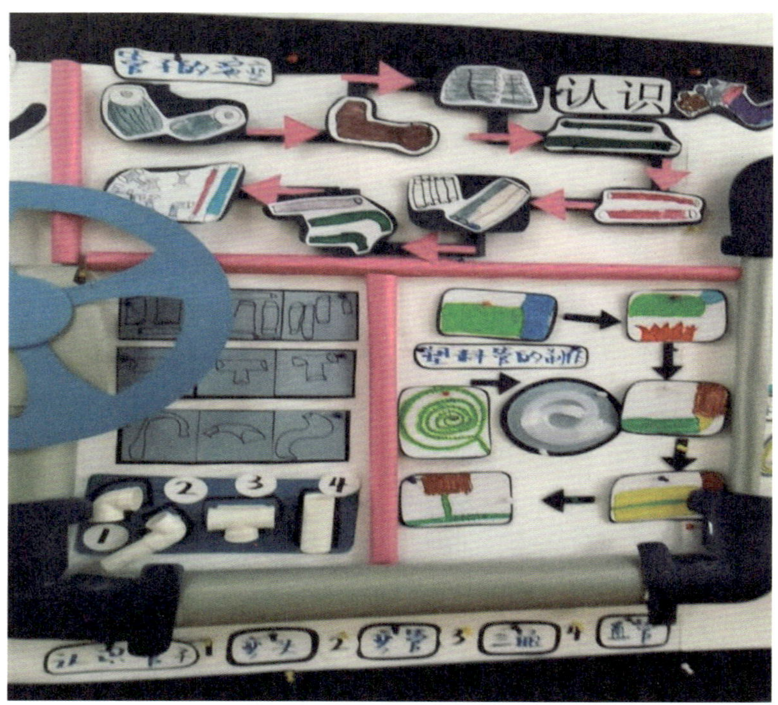

认识管子分支墙面

3. 管子聚会(幼儿参与方式:分类、统计、实物张贴)

首先让幼儿回家寻找各种管子,了解它们的外形和特征,并将它们画下来;然后让幼儿将实物带来幼儿园,再进行集体认知和分类,将管子分为生活类、医用类、乐器类等;最后让幼儿统计每种管子的数量,并将统计结果展现在墙面上。

幼儿对不同的管子进行分类

4. 管子的作用(幼儿参与方式:讨论、绘画)

在探究管子的作用时,幼儿通过阅读绘本,明白管子在我们的生活中有独特的作用,如运送水、电、煤气、暖气、石油等。在集体讨论后让幼儿用画笔画出管子的这些作用。从幼儿的画中可以看出管子不仅给我们的生活带来便利，也能美化我们的生活环境，还能起到防护的作用。

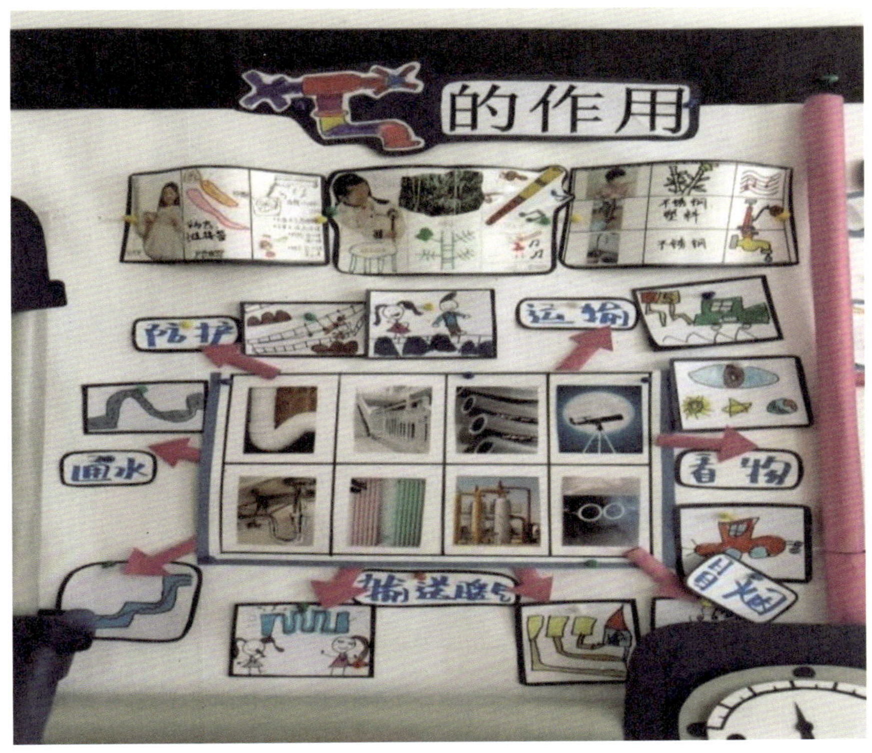

管子的作用分支墙面

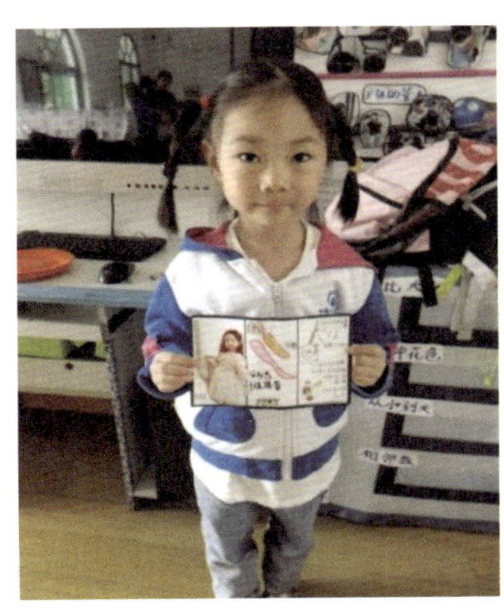

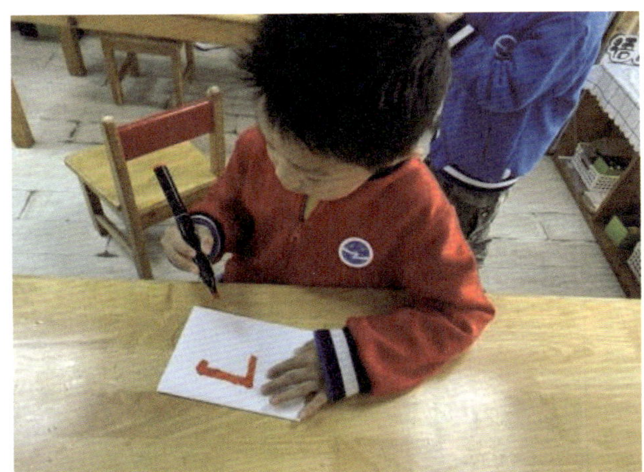

幼儿记录管子的作用

5. 管子乐趣(幼儿参与方式:家长进课堂、实验、记录)

通过家长进课堂活动，幼儿对管子的兴趣更浓厚了。在课堂上认真学习后，幼儿在班级里寻找各类管子，进行科学实验，最后用画笔根据实验结果进行记录。对于“哪些水管可以顺利通水?”这个问题，幼儿进行猜测、投票、记录。在虹吸实验中幼儿用自己的方式记录自己的游戏结果。

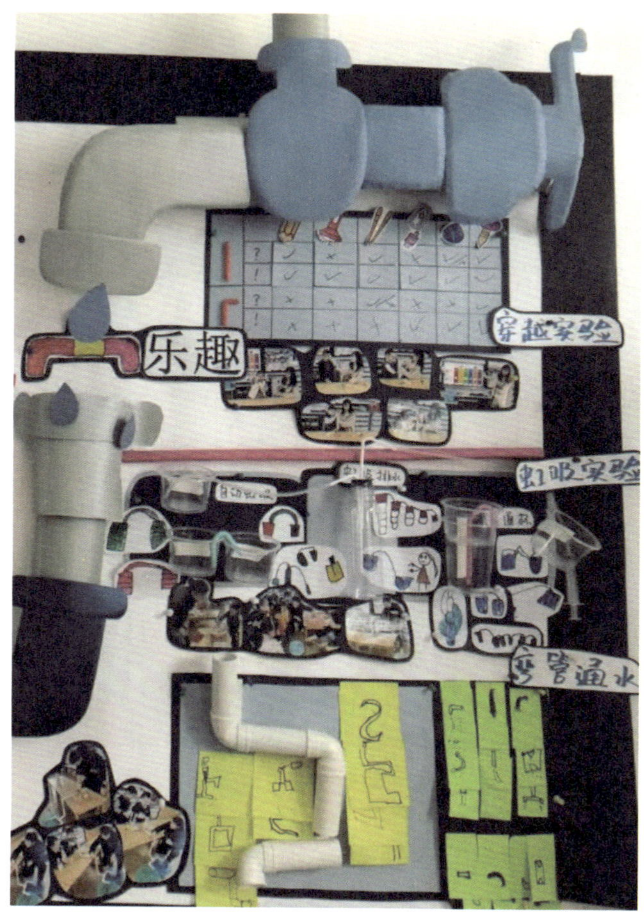

管子乐趣分支墙面

家长进课堂:与幼儿一起做有关管子的实验

小墙设置

1. 树叶的管子

观察幼儿园里的各种树叶，利用绘画、实验的方式，记录树叶中的管子，了解毛细现象。

树叶的管子小墙墙面

幼儿观察毛细现象

2. 身体的管子

人的身体里也有许多管子，它们在不同的部位起着不同的作用——输血、输尿、输气等。

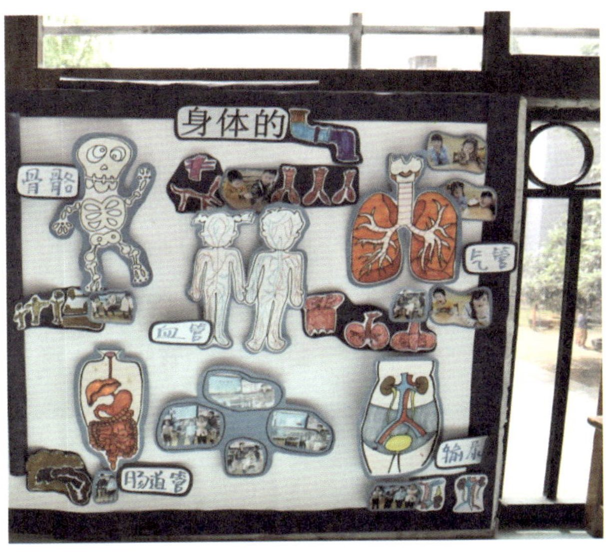

身体的管子小墙墙面

幼儿画出身体里的管子

家长进课堂:找找身体里的管子

3. 特殊的管子、管子的"朋友"

通过视频、图片了解生活中接触不到的特殊的管子,它们同样给我们的生活带来便利。工人们与这些特殊的管子打交道,有时需要用各种管子的"朋友"(如扳手、锯子、老虎钳、螺丝刀等)进行维修。幼儿试着将自己所熟知的管子的"朋友"画出来。

特殊的管子、管子的"朋友"小墙墙面

4. 管子实验

利用丰富多彩的科学课,带领幼儿进行管子运水、管子吹泡泡、吸管喷泉等实验,并记录自己的发现。

管子实验小墙墙面

幼儿进行管子运水实验

幼儿记录实验结果

5. 管子的保养

管子的使用成本较高，为实现管子使用价值的最大化，有时需要掌握保养管子的方法。带领幼儿开展保养管子的调查，了解各种保养管子的方法。

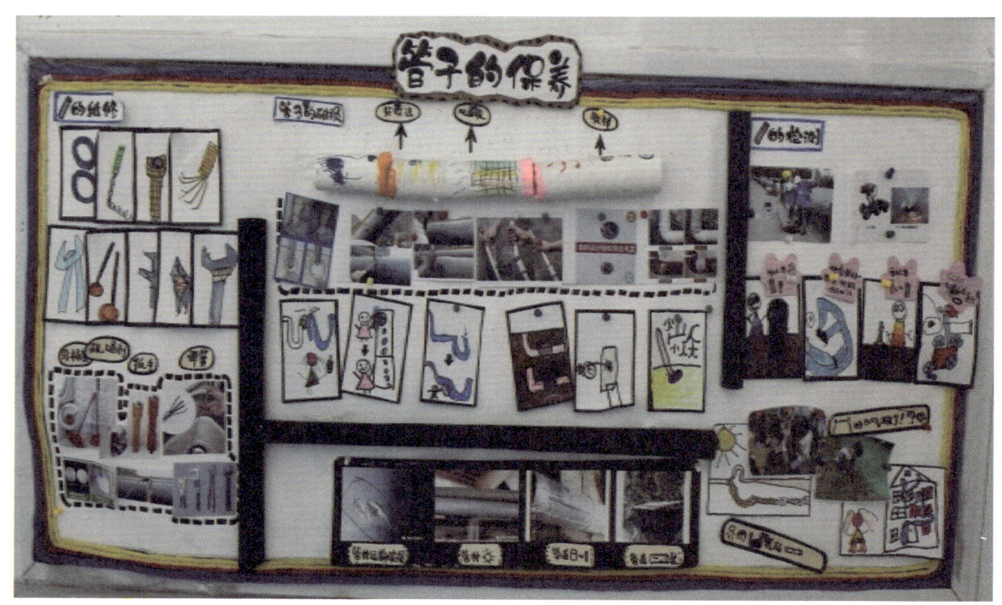

管子的保养小墙墙面

6. 管子之环保

废旧管子的再利用能够实现资源的合理化再分配，幼儿通过丰富多彩的科学课，了解更多管子的回收与利用、不同管子的处理方式等环保知识。

管子之环保小墙墙面

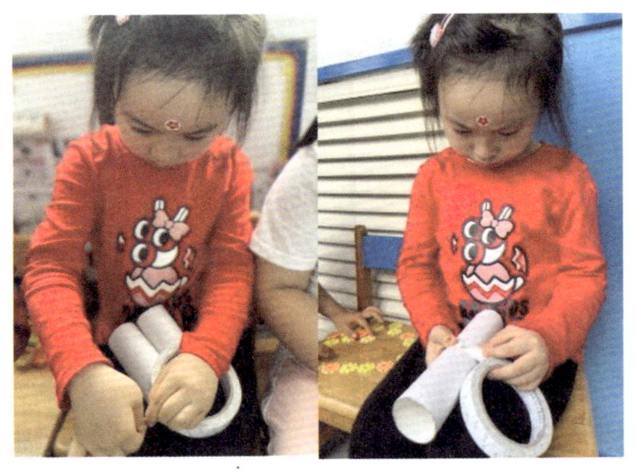

幼儿修补管子

幼儿画出管子的环保处理

我的课程

科学：好玩的管子

活动目标

（1）尝试用不同长度和类型的管子进行连接，体验亲身探究和获得成功后的快乐。

（2）掌握管子的拼接方法，提高与同伴合作游戏的能力。

活动准备

各种长度的管子、连接管。

温馨提示

（1）自由观察，表述各类管子和材料的特点。

（2）使用各种管子和连接管进行拼搭组合。

（3）介绍作品，分享连接管的巧妙用法。

科学：身体里的管子

活动目标

（1）与同伴合作了解身体里的管子，进一步引发幼儿对身体构造的兴趣。

（2）能通过协商、分工、合作等方式共同完成任务，提高幼儿的小组合作能力。

活动准备

（1）幼儿已了解身体里的管子。

（2）在教室中提供有关身体构造的图片、图书等，供幼儿查阅；绘画纸、蜡笔、水笔等。

温馨提示

（1）问题导入：我们的身体里有哪些管子？这些管子有什么作用？

(2) 小组创作。幼儿通过协商、分工，共同画出身体里的管子。

(3) 交流分享。展示幼儿的作品，分享小组合作的情况，如分工、如何解决问题等。

科学：管子找“朋友”

活动目标

(1) 了解各种管子的不同作用。

(2) 能根据管子的作用对其进行分类。

活动准备

各种管子若干、管子的图片、记录表。

温馨提示

(1) 盲盒摸管：了解不同管子的触感、外形特征及作用。

(2) 小组合作，将各种管子的图片按照生活类、医学类、乐器类进行分类。

(3) 集中观看分类结果，分组阐述分类的原因，进一步了解各种管子的用途。

美术：管子吹画

活动目标

(1) 能使用管子吹画的方法进行作画。

(2) 在吹画的基础上利用手指点画完成作品。

活动准备

每人一根吸管、颜料、画笔、图画纸。

温馨提示

(1) “管子吹画”作品欣赏。

(2) 教师示范吹画的方法：嘴巴对着管子吹气，吹气时要控制好力度。

(3) 集体吹画，欣赏幼儿的作品。

美术：我设计的管子

活动目标

(1) 欣赏各种造型的管子，尝试设计各种管子。

(2) 结合自己的经验大胆想象并设计形态各异的管子，然后进行添画装饰。

活动准备

课件、画纸、笔。

温馨提示

(1) 谈话导入，引起幼儿兴趣，带领幼儿回顾已掌握的有关管子的知识。

(2) 观看课件，欣赏各种不同造型的管子，激发幼儿的创作灵感。幼儿大胆表达自己想要设计的管子，激发绘画兴趣。

(3) 自主设计各种不同造型的管子，同伴之间相互欣赏。

语言：管子的故事

活动目标

（1）理解故事内容，能用语言完整描述故事情节。

（2）在故事中进一步了解管子的用途。

活动准备

音乐、课件。

温馨提示

（1）教师出示几根较有代表性的管子，吸引幼儿的注意力。

（2）教师讲述关于管子的故事，幼儿倾听。

（3）分析故事内容：管子发生了什么事情？它们是怎么做的？

（4）幼儿和教师一起来说一说这个故事。

健康：管子游戏

活动目标

（1）乐意探索管子的多种玩法，学习一物多玩。

（2）在活动中注意保护自己，不做危险动作。

（3）能听口令进行队列、队形的变化。

活动准备

长短不同的管子若干。

温馨提示

（1）幼儿自选一根管子做“管子操”（教师自编）。

（2）幼儿自由探索管子的玩法，可以和同伴一起进行管子游戏。

（3）请个别幼儿演示自己的管子游戏玩法。

（4）集体进行跨跳管子、“赶”管子等游戏。

科学区

科学立柱

玩法提示：科学立柱共分为六个面。① 滚滚乐：球在管子里滚，观察哪根管子里的球先出来。② 传声筒：感受不同粗细、长短的管子传出声音的变化。③ 奇妙的滚动：观察玻璃球、泡沫球滚动的轨迹。④ 试一试：将不同材质的物品放到色素水中，观察物品的染色状况，然后进行记录。⑤ 转一转：来回转动吸管，观察视觉停留现象。⑥ 吹一吹：选择粗细不同的吸管，蘸取泡泡水吹泡泡，观察并记录泡泡的大小。

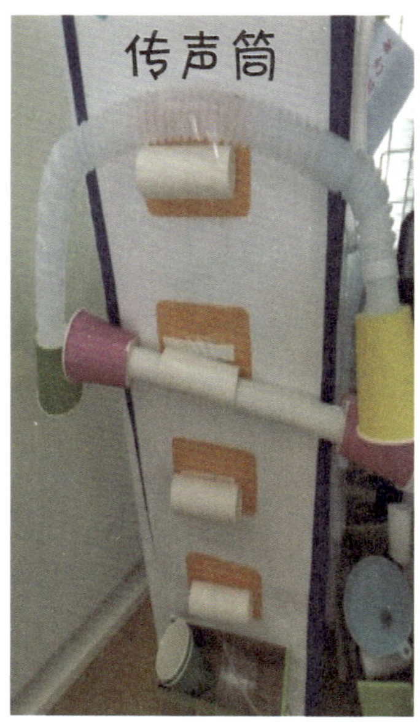

科学立柱

风的游戏

玩法提示：在粗管内放入不同的物体，尝试用工具让它们飞起来，观察并记录结果。

风的游戏

美工区

吸管花

玩法提示：利用吸管、彩泥等材料进行泥工、手工并装饰美工区。

吸管花

创意 DIY

玩法提示：利用描线、涂色、粘贴等方式进行各类管子的装饰。

水管线条画

纸管装饰作品

益智区

管子拼图

玩法提示：根据图上的颜色及图形提示，将吸管摆出颜色、图形一样的造型；根据图上的提示，将吸管摆放成各种形态的小人。

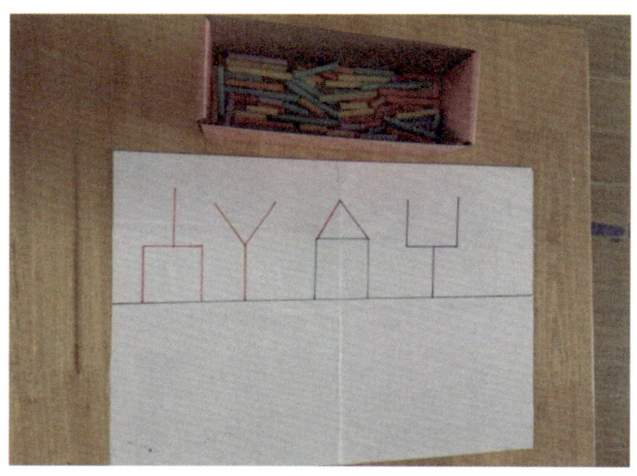

管子造型秀

管子拼搭

管子配对

玩法提示：根据图片上的提示，依据颜色和形状来找管子，并将管子放到相应的位置。

管子配对

语言区

管子主题绘本

自主选择阅读有关管子的主题绘本。

管子主题绘本

盖子

撰写人：刘丹

问题产生

户外活动中，一个幼儿不小心踩到了窨井盖，“咚咚咚”的声音吸引了其他幼儿纷纷前来，他们一起围在窨井盖旁，跃跃欲试地想用手按一按盖子、用脚踩一踩盖子。这时，一个幼儿指着盖子上圆圆的洞问：“这是什么呀？”“是下水口！下雨了，雨水会从这个洞里流下去。”“不对！这是个透气口吧。”……就在这样的对话中，幼儿对盖子这一话题产生了极大的兴趣。除了窨井盖，我们的生活中，还有什么样的盖子呢？它们又有什么样的作用呢？幼儿与生俱来的好奇心，促使他们围绕着盖子进行探究。

问题墙

课程目标

(1) 在多种感官的参与中,了解盖子的结构、材质与用途。
(2) 能通过观察、对比、实验等方式,对盖子进行持续深入的探究。
(3) 愿意大胆表达自己的猜想,并在探索中收获乐趣。

课程规划

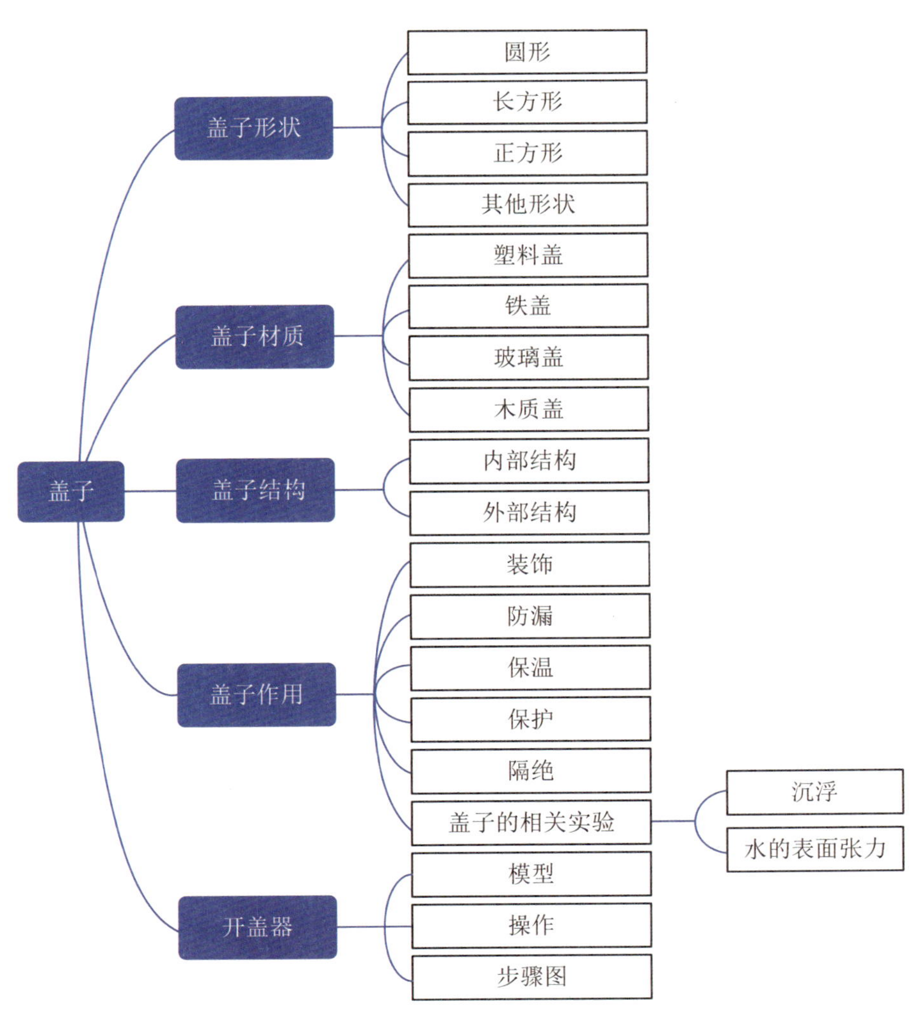

主题游记

<table>
<tr><th>内容</th><th>基本思路</th><th>预设时间</th></tr>
<tr><td rowspan="5">前期准备</td><td>搜集幼儿关于盖子的各种问题</td><td rowspan="5">第 1 周</td></tr>
<tr><td>搜集盖子实物，搭建主题框架</td></tr>
<tr><td>跟爸爸妈妈一起了解身边的盖子</td></tr>
<tr><td>进行盖子实验，增加幼儿对盖子的探究兴趣和欲望</td></tr>
<tr><td>阅读关于盖子的绘本</td></tr>
<tr><td rowspan="3">涉及领域</td><td>美术：我设计的盖子</td><td rowspan="2">第 2 周</td></tr>
<tr><td>科学：不漏水的瓶盖、盖子的沉浮、我的盖子最厉害、滚动的盖子</td></tr>
<tr><td>健康：窨井盖不能踩</td><td>第 3 周</td></tr>
<tr><td rowspan="5">主墙环境</td><td>通过记录、拓印等方式展示不同形状的盖子</td><td>第 4 周</td></tr>
<tr><td>组织幼儿讨论并寻找生活中不同材质的盖子</td><td>第 2 周</td></tr>
<tr><td>进行关于盖子结构的探究活动，拓宽幼儿对盖子结构的认知</td><td>第 3 周</td></tr>
<tr><td>通过实际操作了解盖子的作用</td><td>第 4 周</td></tr>
<tr><td>绘制开盖步骤图，掌握各种开盖方式</td><td>第 5 周</td></tr>
<tr><td rowspan="4">小墙环境</td><td>通过实物操作了解人体的各种“盖子”</td><td rowspan="2">第 5 周</td></tr>
<tr><td>进行各类关于盖子的实验</td></tr>
<tr><td>家园联动，开启寻找生活中的盖子之旅</td><td rowspan="2">第 6、7 周</td></tr>
<tr><td>发挥幼儿的想象力，创作出各类盖子作品</td></tr>
<tr><td rowspan="4">主题进区</td><td>科学区：盲盒、滚一滚、隔绝空气、盖子的沉与浮、盖子的透光性</td><td rowspan="4">第 8 周</td></tr>
<tr><td>益智区：盖子配对、占格子、上下左右</td></tr>
<tr><td>美工区：盖子添画、盖子拓印</td></tr>
<tr><td>语言区：盖子主题绘本</td></tr>
</table>

课程环境

主墙全景

主墙全景如下图所示。

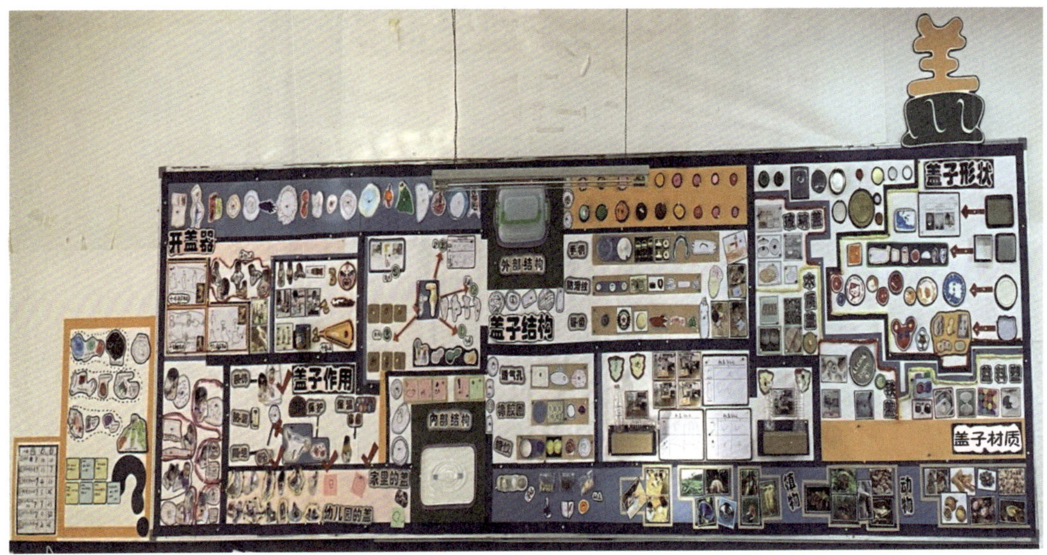

主墙全景

墙面设计

在主墙的创设中，使用不规则的板块增加墙面的灵动性，同时运用撞色，提升整个墙面的美观性。主墙以模块划分为主，共分为五大分支：盖子形状、盖子材质、盖子结构、盖子作用、开盖器。

每个板块中使用了多种呈现方式，如实物展示、幼儿作品、实验记录、对比分析等，来展现盖子的结构、作用、特性。丰富多样的参与方式，满足了幼儿对盖子的探究需求。

分支内涵

1. 盖子形状(幼儿参与方式:调查、拓印)

通过盖子的各种模型及幼儿记录、拓印作品展示盖子的不同形状特征。圆形、长方形、正方形都是我们在生活中常见的盖子形状,还有幼儿发现除了常规的形状外,盖子也会有其他形状,如糖盒的盖子会有卡通人物形状的,它们一般起到装饰的作用。

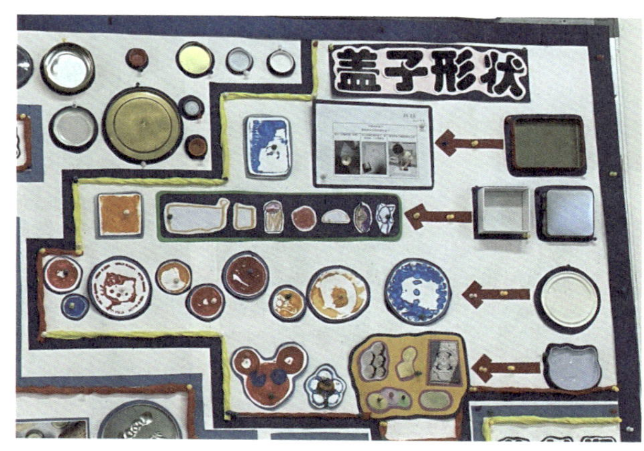

盖子形状分支墙面

2. 盖子材质(幼儿参与方式:讨论、触摸、分类)

塑料、铁、玻璃、木质都是我们在生活中常见的盖子材质,不同材质的盖子往往会有不同的作用,金属材质多用于隔绝,橡胶或木头材质多用于保温。在材质的探索中,幼儿进行集体讨论,并用眼睛看、用手触摸等,调动各种感官来辨别盖子的不同材质。在墙面的布置中,我们通过实物和图片展示了盖子的多种材质,幼儿可对其进行简单的分类。

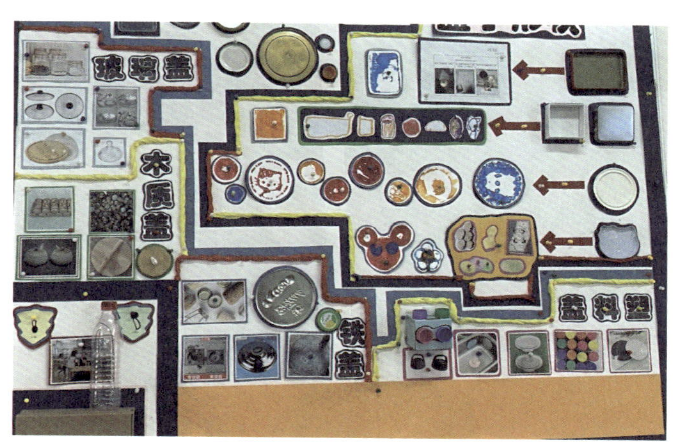

盖子材质分支墙面

3. 盖子结构(幼儿参与方式:统计、绘画、涂色)

首先我们用两个大盒子的盖子进行展示,帮助幼儿观察盖子的各个组成部分。盖子的结构分为外部结构和内部结构,幼儿通过观察发现,在矿泉水瓶盖的外面有一条条防滑纹,防滑纹能够帮助我们更迅速地拧开瓶盖;在啤酒瓶的盖子外面有锯齿,它能够紧紧地“咬住”瓶口。在墙面的呈现中,我们采用了实物展示、绘画涂色、照片展示等方式。

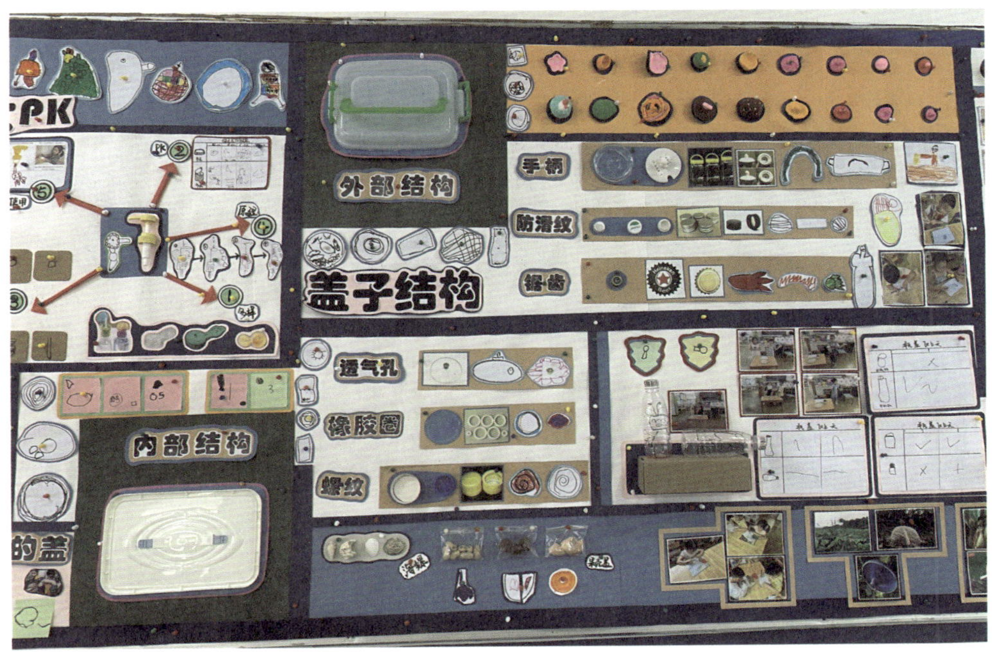

盖子结构分支墙面

幼儿通过绘画展示盖子结构的不同

4. 盖子作用(幼儿参与方式:绘画、判断、涂色)

不同材质的盖子往往有不一样的作用,在对盖子的初步认知中我们发现,盖子主要有以下几个功能:装饰、防漏、隔绝、保护、保温。

教师先出示不同的物品请幼儿猜测其盖子的作用,然后在实验中验证,最后请幼儿记录结果,可通过绘画、涂色的方式进行记录,也可通过记录表进行记录。

墙面直观地展示出探究过程,幼儿猜测的正确与否分别用"√"和"×"进行展现。

盖子作用分支墙面

幼儿通过游戏了解盖子的不同作用

5. 开盖器(幼儿参与方式:绘制步骤图、匹配、实物操作)

在对盖子的探索中我们不仅认识了各种各样的盖子,而且了解了盖子的不同打开方式,有拧开、拔开的,还有必须要借助工具才能打开的。我们从开盖器、开盖操作、开盖步骤图三个方面带领幼儿了解开盖器,并在实际操作中让幼儿掌握各种开盖方式。

开盖器分支墙面

幼儿探究不同的开盖方式

小墙设置

1. 人体“盖子”

幼儿通过绘画、实物操作等方式，了解人体的三种“盖子”，让幼儿形成自我保护意识。

幼儿认识人体“盖子”

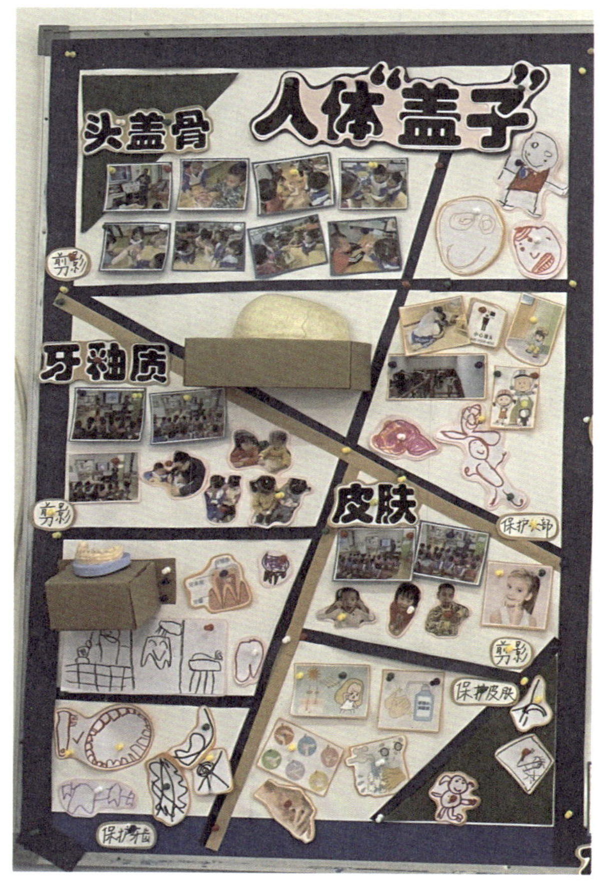

人体"盖子"小墙墙面

2. 盖子实验

在盖子实验中，我们分别借用盖子的不同特征进行实验。在墙面的创设上，我们采用了实物展示、照片记录、绘画记录等方式，并以实验流程展现探究过程。

盖子的沉浮实验

水的表面张力实验

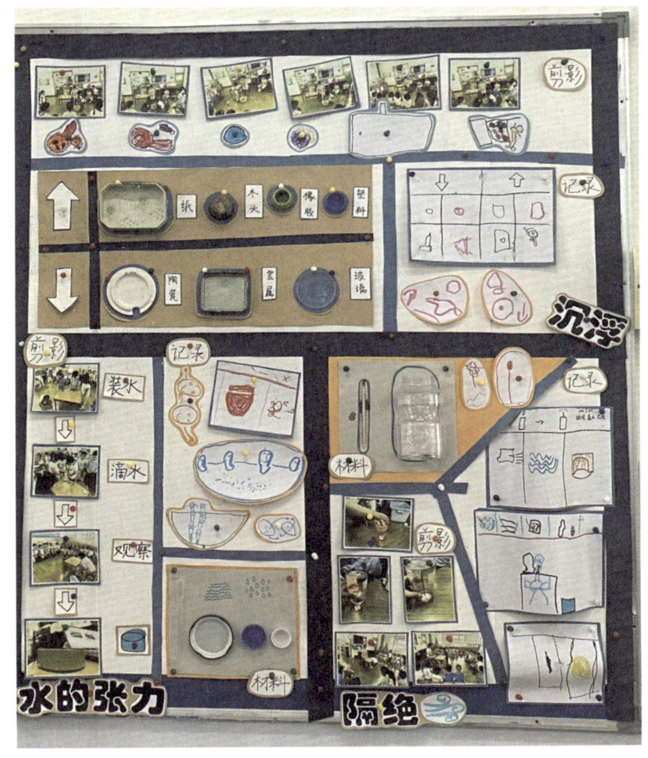

盖子实验小墙墙面

3. 生活中的盖子

家园联动探究盖子，在爸爸妈妈的帮助下，幼儿通过绘画或调查表记录探究结果。记录中有很多幼儿的童言童语、奇思妙想。幼儿在多样的盖子世界中发现了很多的相同与不同，了解了更多有关盖子的秘密。

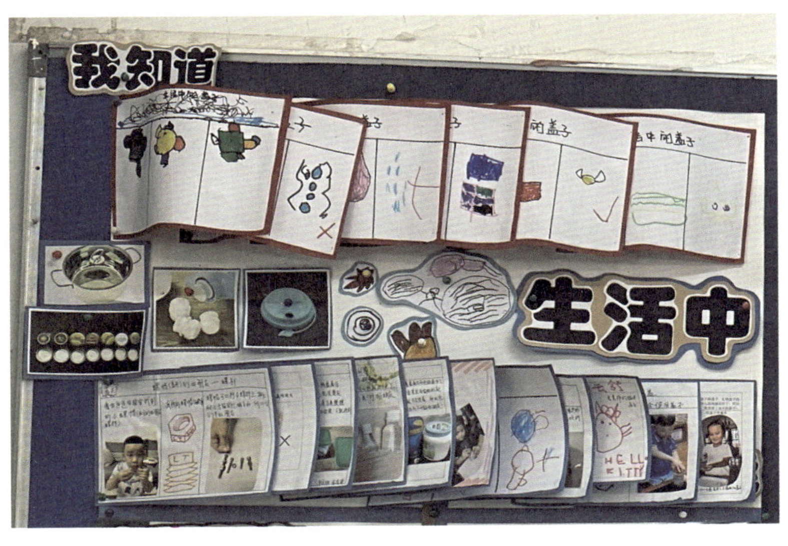

生活中的盖子小墙墙面

4. 盖子作品展

盖子的形状多样、可创造性高，幼儿利用盖子的形状进行想象和创造，既可以将自己喜欢的盖子画出来，也可以借用不同形状、颜色、图案的盖子，制作盖子拼贴画。

盖子作品展小墙墙面

幼儿制作盖子拼贴画

我的课程

美术：我设计的盖子

活动目标

(1) 利用彩泥制作出自己喜欢的盖子。

(2) 通过观看课件，感知盖子的基本特征。

(3) 在创作盖子的过程中，引发幼儿对泥工活动的兴趣。

活动准备

课件、彩泥若干、工具若干。

温馨提示

(1) 谈话导入，引发幼儿对盖子的兴趣。

(2) 利用课件让幼儿欣赏盖子的外形、图案和颜色等，了解盖子的制作方法，并尝试进行盖子创作。

(3) 教师巡回指导。

(4) 师幼共同欣赏幼儿的盖子作品,并将作品展示在主题墙上。

科学:不漏水的瓶盖

活动目标

(1) 在实验过程中能细心操作、仔细观察。

(2) 多次向瓶盖中投币或加水,使水不溢出瓶盖,感知水的表面张力。

活动准备

硬币、瓶盖、滴管、抹布、关于水的表面张力现象的图片。

温馨提示

(1) 集体操作:有序向瓶盖中放入硬币,使水满但不溢出。

(2) 依次自由探索:向瓶盖中加水,观察水满后且不溢出的现象。

(3) 观看图片:了解生活中更多有趣的水的表面张力现象。

科学:盖子的沉浮

活动目标

(1) 能用连贯的语言表达探索结果。

(2) 探索多种盖子在水中的沉浮现象,能根据盖子的材质进行结果判断。

活动准备

各种不同材质的盖子若干、水盆、水。

温馨提示

(1) 出示操作材料,根据材质猜想"谁沉谁浮"。

(2) 实验操作,观察盖子的沉浮现象。

(3) 记录实验结果(浮或沉),比较盖子材质的不同。

科学:我的盖子最厉害

活动目标

(1) 对各种盖子产生兴趣 。

(2) 在操作中探究盖子的用处和使用方法。

(3) 认识各种有特殊作用的盖子,知道它们与人们生活之间的关系 。

活动准备

(1) 幼儿搜集各种带有盖子的物品:糖果盒、保鲜饭盒、八音盒等。

(2) 观看窨井盖、地漏盖、水烧开时水壶盖子发出响声的视频。

(3) 准备各种物品,如米、水、布、饼干等,以及各种有盖子的瓶子或储物盒。

温馨提示

(1) 通过图片展示各种盖子,联系生活说出图片中自己认识的盖子。

(2) 情境创设:小老鼠搬家,幼儿操作实验,感受不同盖子的作用 。

(3) 幼儿分组进行操作,教师巡回观察并进行指导。

科学:滚动的盖子

活动目标

(1) 了解不同盖子的外形特征,知道哪些盖子可以滚动。

(2) 能大胆表达探究过程中的发现,并对滚动现象感兴趣。

(3) 尝试通过绘画的方式记录盖子的滚动轨迹。

活动准备

各种形状的盖子、记录表。

温馨提示

(1) 出示不同类型的盖子,引导幼儿观察盖子的外形特征。

(2) 自由滚动盖子,了解盖子滚动需要的条件。

(3) 对比操作,观察并记录盖子滚动的轨迹。

健康:窨井盖不能踩

活动目标

(1) 通过课件,让幼儿知道窨井盖不能踩,否则会有危险。

(2) 培养幼儿的初步自我保护意识,远离窨井盖。

活动准备

课件、操作图。

温馨提示

(1) 利用故事导入,引导幼儿注意有危险的地方,树立危险意识。

(2) 指导幼儿看图,激发幼儿思考,告诉他们踩窨井盖是非常危险的,以此提升幼儿的自我保护能力。

(3) 观看课件,找出走在窨井盖上的危险行为,了解正确的做法,让幼儿明白要远离窨井盖,学会保护自己。

区域渗透

科学区

盲盒

玩法提示:用手在盲盒里摸一摸,先猜一猜盖子的材质和形状,然后再拿出来进行验证。

盲盒

滚一滚

玩法提示:滚动不同形状的盖子,探索滚动的摩擦力等。

滚一滚

隔绝空气

玩法提示：探索熄灭蜡烛的方式，尝试利用盖子熄灭蜡烛，观察熄灭过程及现象。

隔绝空气

盖子的沉与浮

玩法提示：幼儿自主探究，观察盖子的材质、大小及盖子在水中的沉浮。

盖子的沉与浮

盖子的透光性

玩法提示：幼儿使用手电筒进行观察，并用记录表记录不同材质的盖子是否具有透光性。

盖子的透光性

盖子配对

玩法提示：观察瓶口的大小，找出适合的盖子进行配对。

盖子配对

占格子

玩法提示：盖子占地盘（幼儿分成两队，用石头剪刀布或掷骰子等方式放盖子），底板放满后，占格子最多的队伍获胜。

占格子

上下左右

玩法提示：根据底板颜色和方向的提示，选择相对应图案以及颜色的盖子，依次对盖子进行上、下、左、右排序。

上下左右

美工区

盖子添画

玩法提示：利用盖子的形状进行想象，再用画笔进行添画。

盖子添画

盖子拓印

玩法提示：利用各种不同形状的盖子进行拓印，再进行创意添画。

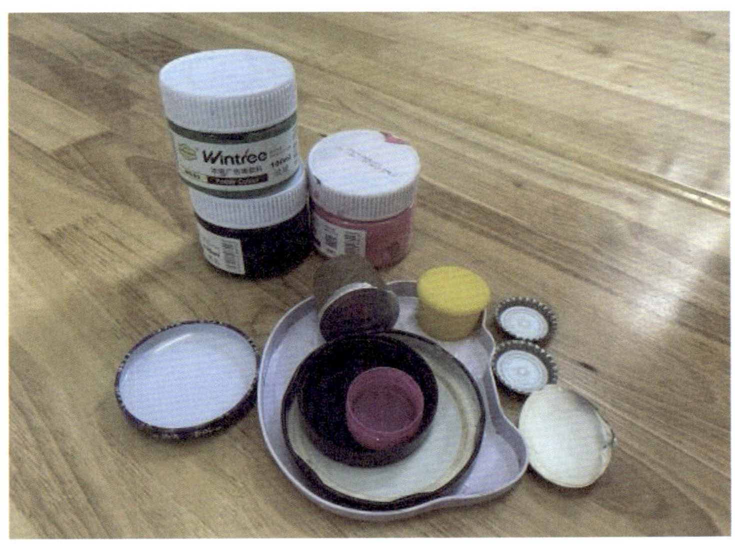

盖子拓印

语言区

盖子主题绘本

自主选择阅读有关盖子的主题绘本。

盖子主题绘本

瓶子

撰写人：叶美玲、夏莉

问题产生

瓶子是日常生活中常见的物品，围绕该话题幼儿产生了诸多疑问："以前的瓶子是什么样子的？""瓶子有什么用处？""瓶子都是用什么做的？"……幼儿通过实验、记录、调查等方式了解瓶子的外部特征、特殊功能以及废旧瓶子的用途，在玩玩做做中提升探索的兴趣，感受瓶子中的科学奥秘。

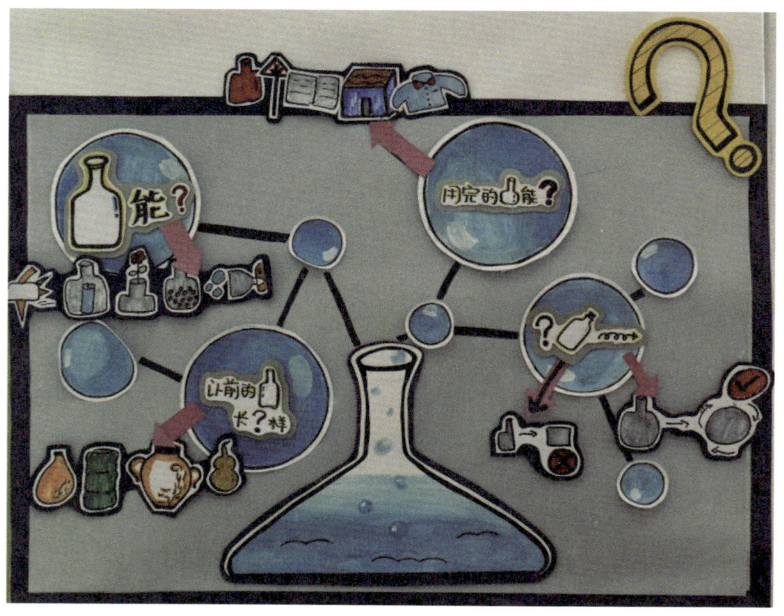

问题墙

课程目标

(1) 通过活动感受瓶子的多样性，了解瓶子的结构、材质、用途等。
(2) 运用实验、统计、调查、记录等方式进行科学主题探究。
(3) 在积极参与和持续体验中产生对瓶子探究的欲望。

课程规划

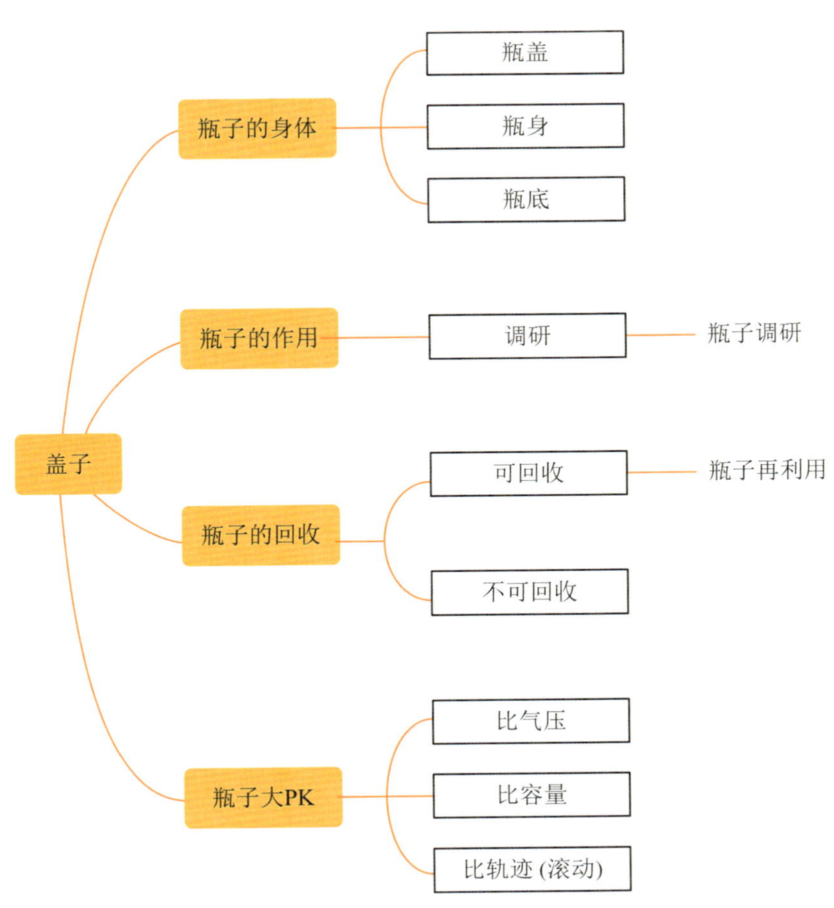

主题游记

内容	基本思路	预设时间
前期准备	搜集幼儿关于瓶子的相关问题	第 1 周
	与幼儿一同寻找生活中各种各样的瓶子	
	进行与瓶子有关的实验，培养幼儿对实验的兴趣	
	搜集有关瓶子的绘本	
涉及领域	科学：瓶子再利用、这些标志我认识、瓶子叠叠乐、瓶子和它的“好朋友”、瓶子与气压、瓶子吹气球	第 2～4 周
	美术：青花瓷	第 3 周
主墙环境	了解瓶盖、瓶身、瓶底	第 1 周
	通过调研等方式了解瓶子的作用	第 2 周
	了解瓶子的回收再利用	第 3 周
	关于瓶子的各类实验	第 4 周
小墙环境	了解相同功能的瓶子与不同材质的瓶子	第 4 周
	与爸爸妈妈一起进行关于瓶子的实验	
	用瓶子制作创意作品	
	探究不同水位线的瓶子哪一个“跑”得远	第 5 周
	利用小苏打和柠檬酸进行瓶子吹气实验	
	尝试利用各种瓶子进行垒高	
	用瓶子装各种材料做火山爆发实验	
主题进区	科学区：科学立柱、龙卷风、潜水艇、听话的磁铁宝宝、会移动的水	第 5 周
	美工区：拓印作品、粘贴作品、彩绘瓶子、瓶子线描画	第 6 周
	益智区：瓶盖拧拧拧、华容道、瓶子排排序、皮筋变瓶子、瓶盖找“朋友”、迷失方向的瓶子	第 7 周
	语言区：瓶子主题绘本、自制小书	第 8 周

课 程 环 境

主墙全景

主墙全景如下图所示。

主墙全景

墙面设计

主墙以海上漂流瓶的形式呈现，主要以蓝色、灰色、白色为主，每个板块都是一个独立的瓶子，在瓶子中增加内容，像是装有“秘密”的漂流瓶。整个主墙以思维导图的方式贯穿呈现，共划分为四个分支：瓶子的身体、瓶子的作用、瓶子的回收、瓶子大 PK。

随着四大分支主题内容的开展，幼儿通过绘画、调查、统计、实验、记录、讨论等方式，从各个层面探究瓶子的结构、作用、回收利用等方面的知识，满足幼儿对瓶子的好奇心，丰富幼儿对瓶子的认知，让幼儿感受身边常见的材料带来的乐趣。在探索瓶子的过程中鼓励幼儿大胆想象，丰富幼儿的相关经验，激发幼儿对瓶子的探索欲望。

分支内涵

1. 瓶子的身体(幼儿参与方式:讨论、比较、填写调查表)

这一板块涵盖瓶盖、瓶身、瓶底三个小分支。幼儿通过自主观察比较，了解瓶盖的作用、材质以及不同的打开方式。同时，幼儿针对瓶子的材质与种类进行居家和社区调研，并在调查表上记录调研结果。在探索瓶底时，幼儿对比不同纹理的瓶底，制作纹理拓印作品，并进行相应的讨论。

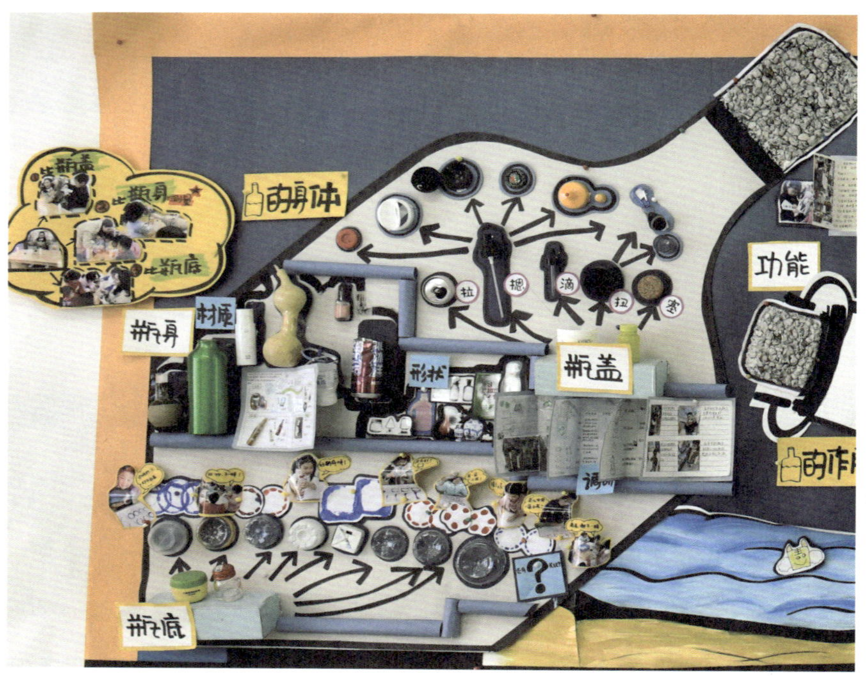

瓶子的身体分支墙面

瓶子的材质墙面

幼儿调查瓶子的材质

亲子观察瓶子的材质

铁质瓶盖

塑料瓶盖

瓶盖的打开方式墙面

瓶底墙面

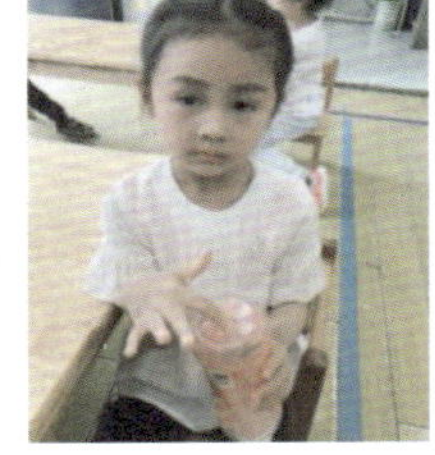

幼儿发现瓶底的纹理

幼儿拓印瓶底的纹理

2. 瓶子的作用(幼儿参与方式:讨论、调查、填写调查表)

探索瓶子的功能,组织幼儿进行集体、小组讨论,师幼共同设计瓶子作用调查表,对生活中的瓶子进行调查,并将调查表贴在墙上。幼儿通过调查了解瓶子的功能,如瓶子可以储物、装饰和进行实验等。在活动中进一步让幼儿了解瓶子在生活中的作用。

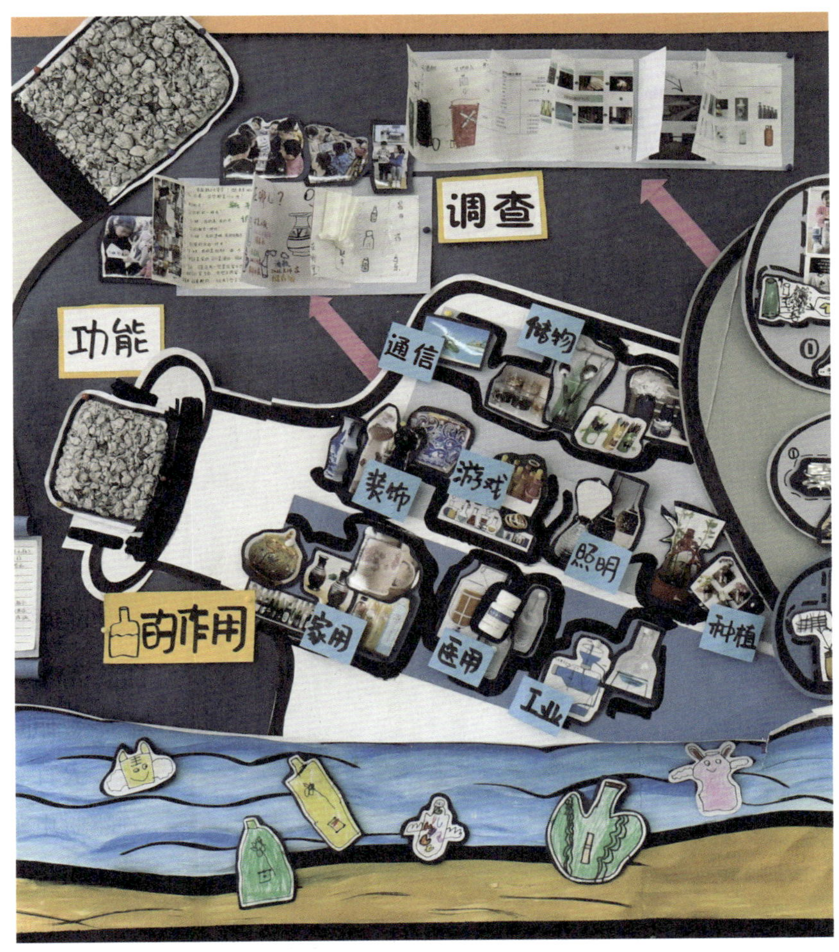

瓶子的作用分支墙面

瓶子的多种用途墙面

家庭中瓶子的用途

幼儿园中的瓶子环境创设

3. 瓶子的回收(幼儿参与方式:绘画、讨论、填写调查表)

此板块的内容围绕“瓶子的回收”这一主题,对不同材质的瓶子进行可回收和不可回收的分类,并进行回收加工的对比。可回收瓶墙面,主要有玻璃、铝、塑料等材质的瓶子,以绘画、调查表、照片等形式呈现可回收瓶的加工变化。不可回收瓶墙面,主要以陶瓷材质的瓶子为主,但其不能再加工成其他物品。

瓶子的回收分支墙面

幼儿调研瓶子的回收与再次利用

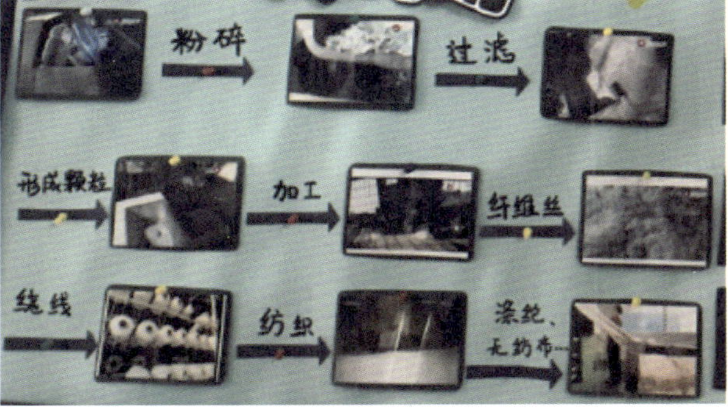

塑料瓶的回收再加工墙面

4. 瓶子大 PK(幼儿参与方式:猜想、实验、记录)

结合瓶子的身体结构设计比气压、比容量、比轨迹三个方面的内容,在活动中幼儿进行实验操作,借助不同容量的瓶子,进行“小伞拍击升天”的实验,了解瓶子的容量对空气压力的影响。在比较瓶子容量的过程中,幼儿能够发现容量的守恒。在猜测、实验操作、验证环节中,幼儿可以了解瓶子可装的水量与瓶身形状、粗细、高矮等因素的关系。在比较不同瓶子的滚动轨迹中,幼儿记录瓶子的滚动路线,记录实验结果。

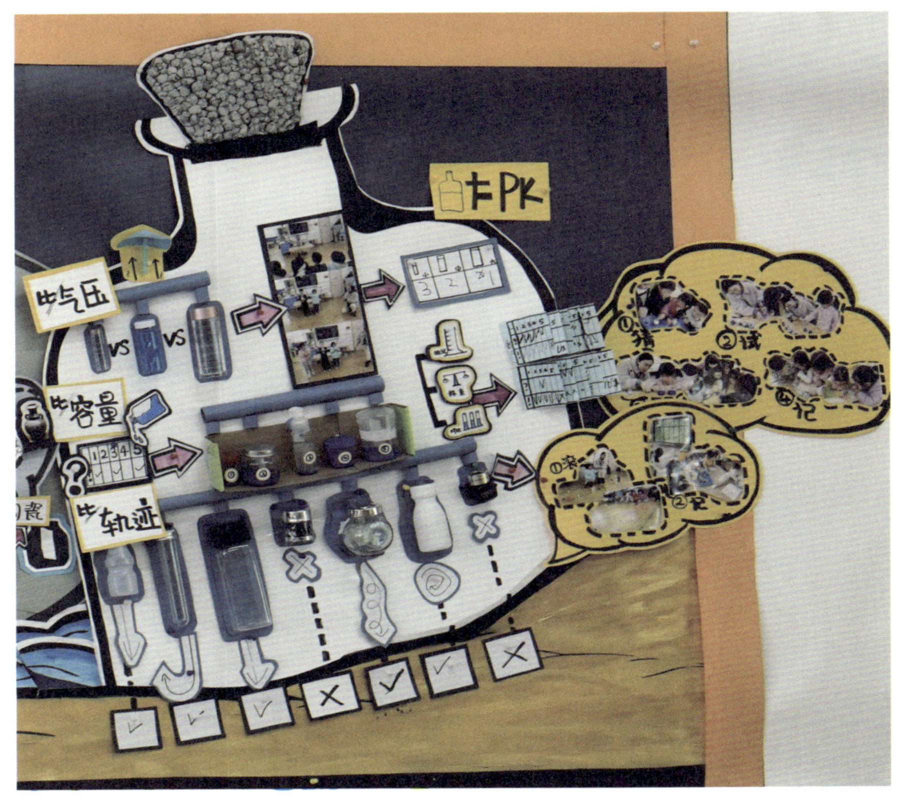

瓶子大 PK 分支墙面

比气压

比容量

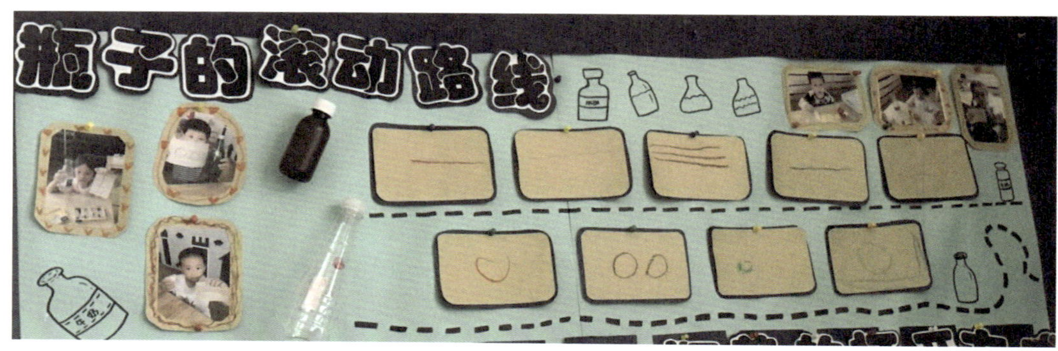

瓶子的滚动路线墙面

小墙设置

1. 瓶子找“朋友”

以网络分支导图的形式，呈现“相同”和“不同”两个分支。“相同”主要呈现生活中的瓶子都具有收纳、储物等功能，如塑料瓶、玻璃瓶等。“不同”主要是通过图片、实物进行对比，引导幼儿关注不同瓶子材质的特性，如易碎度、保温度等。

2. 瓶子调研

以幼儿在家与爸爸妈妈一起进行有关瓶子的实验为主，如瓶子的沉浮、瓶子龙卷风、瓶子水龙头等。针对实验内容，选取幼儿可在幼儿园自主体验的实验，用示意图细化展示，供幼儿观察。

3. 瓶子再利用

以幼儿自己动手创作瓶子作品为主，记录用完的瓶子可以如何变身、有什么再利用的价值等。

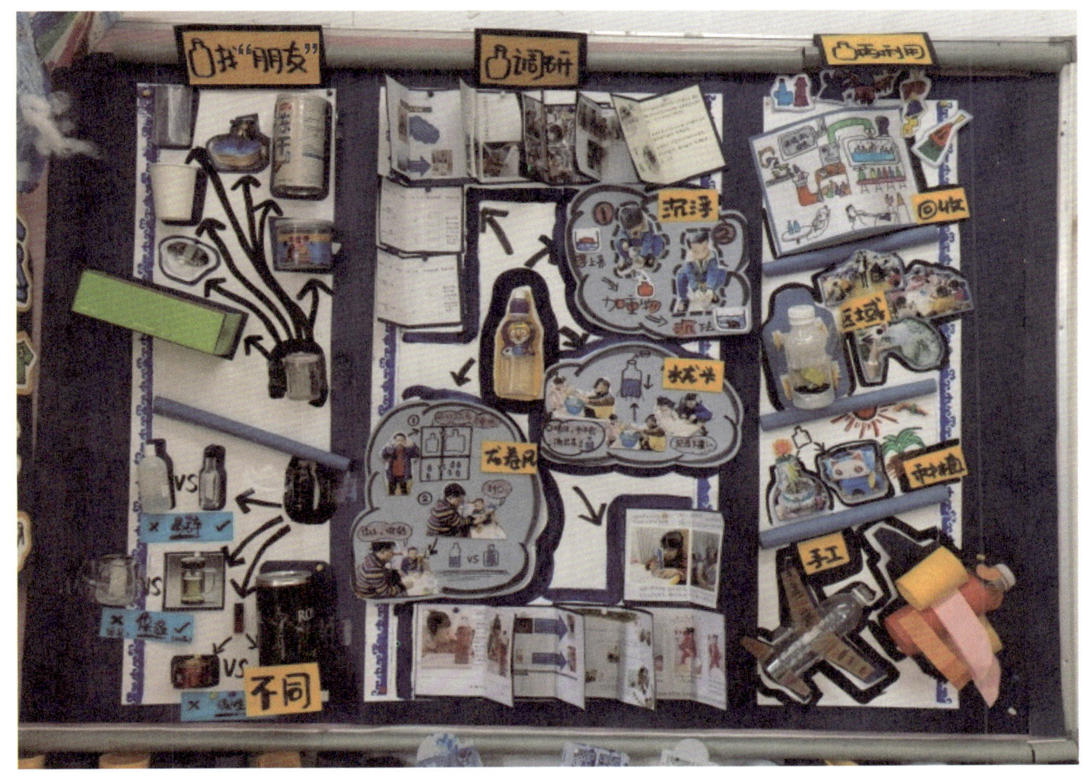

瓶子找“朋友”、瓶子调研、瓶子再利用小墙墙面

4. 谁“跑”得远

瓶身上有不同高度的洞，往瓶子里注水，比一比哪个洞里射出的水比较远。

5. 谁“吹”得大

幼儿戴上一次性手套，在瓶子里分别加入小苏打和柠檬酸，在瓶口套上气球，看看哪种材料能够将气球吹得更大。

6. 谁最稳

使用不同的瓶子进行垒高，比一比哪种瓶子搭得又高又稳。幼儿采用猜测记录、统计记录两种形式，将瓶子标序，再根据序号进行记录。

7. 火山爆发

将柠檬酸、小苏打、色素和水进行混合，进行火山爆发实验。

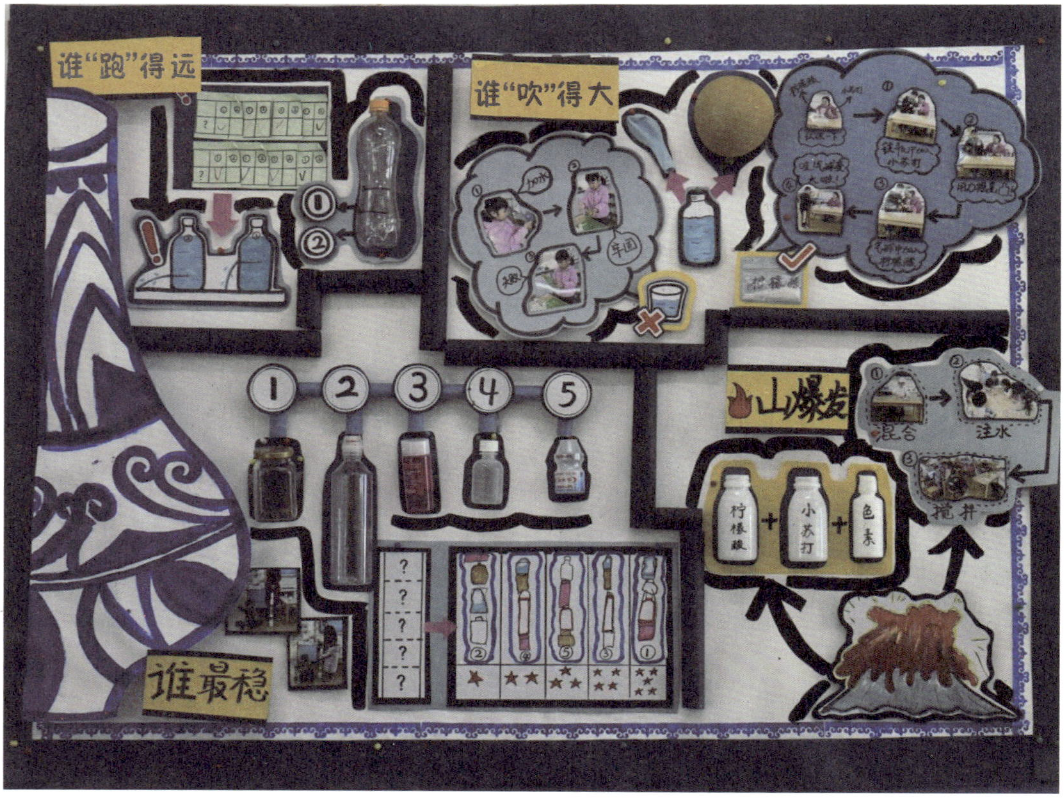

谁“跑”得远、谁“吹”得大、谁最稳、火山爆发小墙墙面

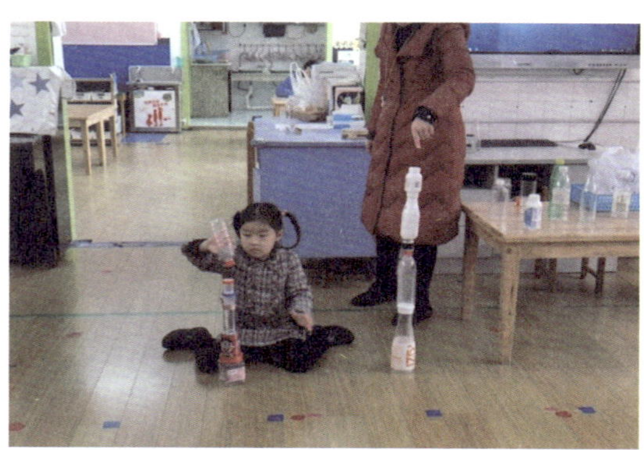

幼儿进行瓶子垒高

幼儿进行瓶子吹气实验

我的课程

科学:瓶子再利用

活动目标

(1) 共同观察,体验与同伴一起讨论的乐趣。

(2) 比较、发现瓶子的特征及不同之处。

活动准备

课件、各类瓶子若干。

温馨提示

(1) 观察瓶子的结构特征。

(2) 比较瓶子,说一说瓶盖、瓶身、瓶底的不同。

(3) 了解各种瓶子的再利用。

(4) 瓶子还能做什么? 拓展废旧再利用的经验。

科学:这些标志我认识

活动目标

(1) 了解瓶子上标志代表的含义,认识几种简单的标志。

(2) 能在生活中寻找瓶子上的这些标志。

活动准备

课件、各类瓶子若干。

温馨提示

(1) 观看课件,讲述生活经验。

(2) 自由观察,说一说瓶子的标签纸上写着什么?

(3) 课件引导,知道瓶子的标签纸上的信息都代表什么意思。

科学:瓶子叠叠乐

活动目标

(1) 探索用瓶子垒高的一些方法,积累保持物体平衡的经验。

(2) 能够耐心、细致地进行操作活动,积极表达自己的发现。

活动准备

师幼人手一份操作材料(矿泉水瓶三个、薄荷含片瓶子三个、口香糖瓶子四个)。

温馨提示

（1）观察瓶子的种类，比较几种瓶子的不同之处，说一说瓶子的用处和玩法，引出垒高的话题。

（2）鼓励幼儿自由垒高，初步积累垒高的经验。

（3）迁移垒高经验，比一比谁搭的"楼房"又高又稳。

科学：瓶子和它的"好朋友"

活动目标

（1）知道瓶子的作用，能根据瓶口的特征（大小、有无螺纹）选择合适的盖子与之匹配。

（2）能积极尝试拧紧瓶盖，获取拧、按的技能，发展手部动作。

活动准备

各种各样的瓶子。

温馨提示

（1）创设情境导入活动，激发幼儿参与活动的兴趣。

（2）组织幼儿尝试根据瓶子的瓶口选择合适的盖子。

（3）组织幼儿根据瓶盖的特征将瓶盖拧紧、盖紧。

科学：瓶子与气压

活动目标

（1）乐于参与活动，体验科学活动的乐趣。

（2）了解瓶子吸住乒乓球的原理。

活动准备

空水瓶、水、乒乓球。

温馨提示

（1）鼓励幼儿猜想装满水和没装水的瓶子，哪个可以吸住乒乓球。

（2）进行实验，得出结论。

（3）教师总结大气压强的原理。瓶子里都是水，瓶内压强比瓶外低很多，这就产生了压力差，外界会对瓶子产生一个向内的压力。这个压力不仅支撑了乒乓球，还支撑了瓶子里本来可以倒出来的水。

科学：瓶子吹气球

活动目标

（1）知道食醋和小苏打发生化学反应会产生二氧化碳，了解二氧化碳在生活中的作用。

（2）根据自己的猜想有目的地进行验证，激发幼儿探索的欲望，培养他们的观察能力。

（3）在活动中，让幼儿体验成功的喜悦。

活动准备

醋、盐、小苏打、气球、透明的瓶子、记录表。

温馨提示

（1）在进行实验之前，首先与幼儿进行简短的互动，让幼儿简单了解一下厨房中的调味品，并了解各种调味品的作用。

（2）幼儿进行实验操作，在操作探索的过程中得出结论。

（3）科学小游戏：瓶子吹气球。把小苏打和白醋放在透明的瓶子里，然后把气球套在瓶口上，观察气球有什么变化。

（4）教师总结，食醋和小苏打发生化学反应会生成二氧化碳。

美术：青花瓷

活动目标

（1）知道青花瓷是我国传统民间艺术，感受其艺术美。

（2）了解青花瓷花纹的主要特征，尝试用多种方法对其进行装饰。

活动准备

课件、有青花瓷装饰的实物、蓝色白板笔、蓝色水粉、排笔、纸盘、小塑料瓶若干、展示台。

温馨提示

（1）出示青花瓷实物，感知青花瓷的色彩美，了解青花瓷。

（2）通过课件了解青花瓷的图案特点，进一步感受其构图美。

（3）大胆创作，尝试用多种方法装饰青花瓷。

区域渗透

科学区

科学立柱

玩法提示：科学立柱共分为六个面。① 乌鸦喝水：用石头、沙子、水填充杯子，使水位达到瓶身的水位线，然后在记录表上记录石头、沙子、水的使用量。② 瓶子的轨迹：依据瓶子的序号滚动相对应的瓶子，并记录轨迹，或幼儿自己选择滚动的瓶子，并将数字贴在记录表上，记录滚动轨迹。③ 神奇视觉：幼儿双手抓住棍子，前后转动棍子，由慢到快地进行转动，观察画面的变化。④ 会吹气球的瓶子：利用对比的方式，将柠檬酸、小苏打和白醋分别放入对应的瓶子中，并记录气球的大小变化。⑤ 敲敲听听：用不同的工具来敲击瓶子的不同位置，听一听声音是否有变化，或者用同一种工具来敲击不同的瓶子，听一听哪个声音最响。⑥ 瓶子发射器：幼儿用一只手将小球放在不同大小的瓶口处，另一只手捏住气球往下拉，松手后观察几号瓶子能让小球飞得更远。

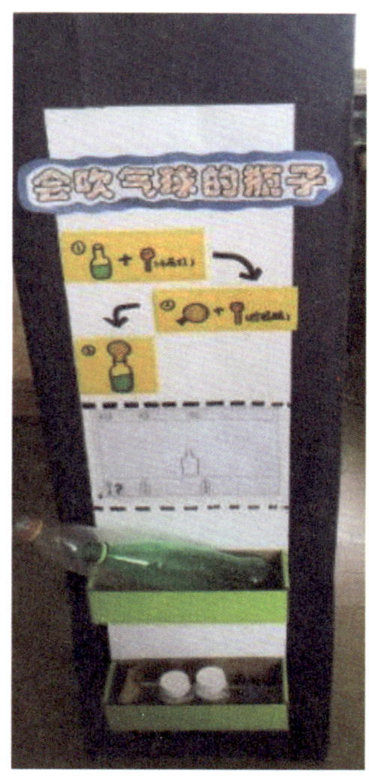

科学立柱

龙卷风、潜水艇

玩法提示：在瓶子里注入适量的水，滴入色素，将连接器和瓶子对应拧好，然后将瓶子翻过来旋转瓶子；将不同大小的“螺旋桨”放置在瓶尾处，拧上劲后放入水中，观察哪个推力大。

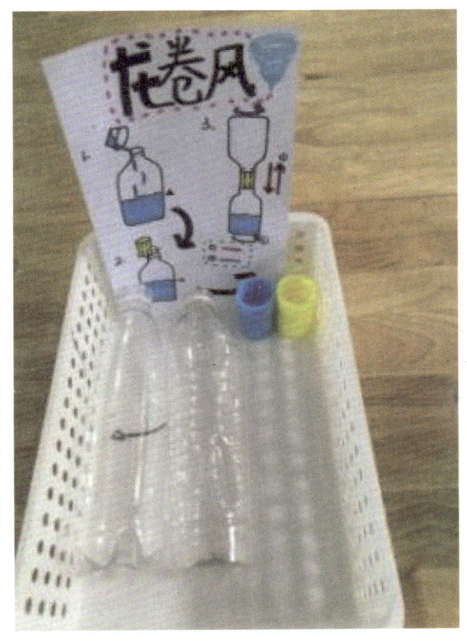

龙卷风

潜水艇

听话的磁铁宝宝、会移动的水

玩法提示：先将铁粉倒入臼子中进行研磨，然后用漏斗将铁粉倒入瓶子中，最后用漏斗往瓶子中注入适量的水，两个瓶子装有不同量的铁粉，用磁铁在瓶外来回移动，观察瓶中的铁粉现象；幼儿向第一个瓶子的吸管里吹气，瓶子里的水会流向第二个瓶子。

听话的磁铁宝宝

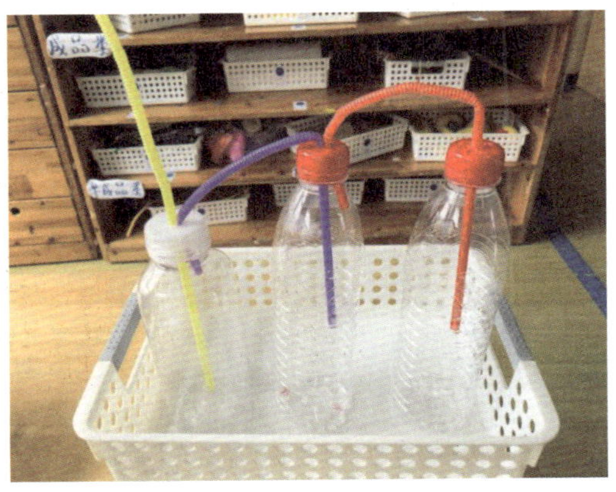

会移动的水

美工区

拓印作品、粘贴作品

玩法提示：幼儿使用瓶子、瓶盖等进行拓印；使用多种材料装饰瓶子。

拓印作品

粘贴作品

彩绘瓶子

玩法提示：在空瓶的瓶身上刷上底色后，再进行图案绘制，并用手工小花进行点缀；将海洋球泡发，用针管将其压碎，放入瓶子中，加入装饰物和水。

彩绘瓶子

瓶子线描画

玩法提示：通过多种形式的线描画装饰瓶子。

瓶子线描画

益智区

瓶盖拧拧拧、华容道

玩法提示：将提示卡放置在右上角，找出相对应的瓶盖拧在左边相对应的位置上；经过移动，将相同颜色的瓶子移至同一横行上。

瓶盖拧拧拧

华容道

瓶子排排序、皮筋变瓶子

玩法提示：找到图卡中的排序规律，并进行后续的排序；依据图卡中的图片，利用相对应颜色的橡皮筋进行主题形状的拉扣。

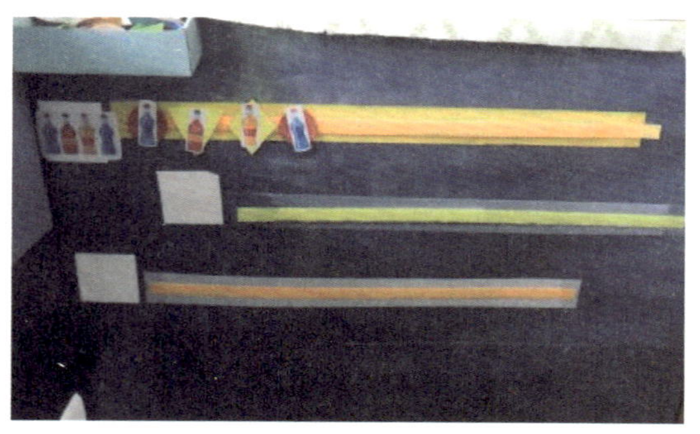

瓶子排排序

皮筋变瓶子

瓶盖找“朋友”、迷失方向的瓶子

玩法提示：根据太阳花上的花瓣数量，找出写着相对应数字的瓶盖；依据提示卡的颜色，找出颜色对应的瓶子，并按照第一栏的箭头方向进行粘贴，瓶子粘贴的方向要与箭头的朝向一致。

瓶盖找“朋友”

迷失方向的瓶子

语言区

瓶子主题绘本、自制小书

自主选择阅读有关瓶子的主题绘本；提供工具给幼儿自制小书。

瓶子主题绘本

自制小书

镜子

撰写人：汪咪咪

问题产生

每当幼儿走进教室，总会被门口镜子里的自己吸引住，他们对镜子感到好奇，并对镜子产生了一系列的疑问：“镜子里为什么还有一个我呢？”“镜子里的我怎么长高啦？”“水里为什么也有镜子呢？”……镜子在我们的日常生活中用途广泛，与我们有着极其密切的联系。于是，我们进行了以“镜子”为主题的科学探究活动，在活动中观察生活中常见的、各种用途的镜子，并以平面镜为线索，探究棱镜和透镜的相关科学知识。

问题墙

课程目标

（1）在探究中丰富关于镜子的相关知识，并对棱镜和透镜进行初步了解。
（2）能运用对比观察、实地调查、实验等方式进行关于镜子的探究活动。
（3）在主题探究活动中主动探索、勇于尝试。

课程规划

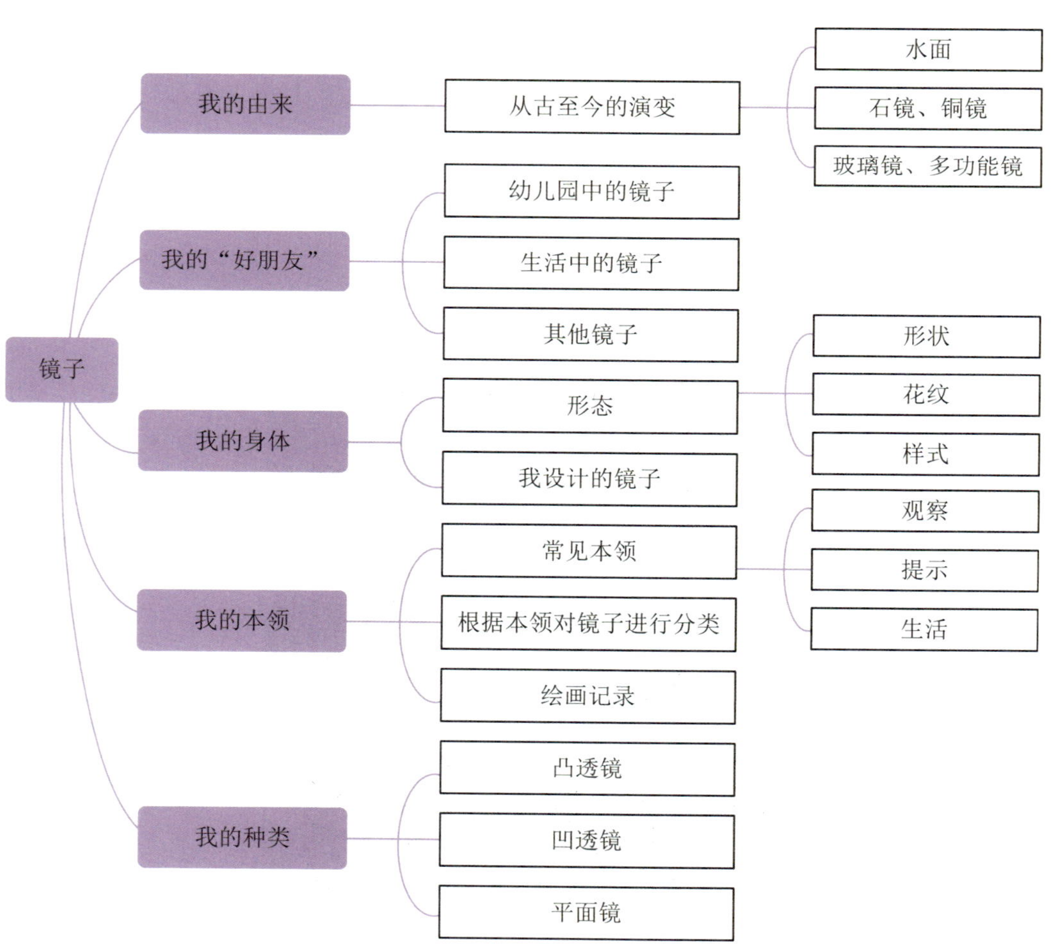

主 题 游 记

内容	基本思路	预设时间
前期准备	搜集幼儿关于镜子的各种问题	第 1 周
	家园共育，提前搜集有关镜子的故事或绘本	
	进行与镜子有关的实验，培养幼儿对实验的兴趣	
涉及领域	科学：有趣的镜子、镜子的秘密、好玩的放大镜	第 4 周
	语言：神奇的玻璃	第 2 周
	数学：不同形状的镜子	第 3 周
	音乐：小花猫照镜子	第 4 周
主墙环境	组织调查，使幼儿了解镜子的演变过程	第 1 周
	了解幼儿园中的镜子、生活中的镜子及其他镜子	第 2 周
	通过实践调查寻找各种不同形态的镜子并自己设计镜子	
	组织幼儿探索镜子的不同功能	第 3 周
	丰富幼儿关于镜子种类的认知	
小墙环境	探索平面镜的成像和反射原理，了解并掌握放大镜的用法	第 4 周
	感知三棱镜的奇妙之处，了解万花筒的成像原理	
	对比观察幼儿在不同镜子中的形象，设计出自己喜欢的镜子	第 5 周
	了解两个镜子的夹角不同对夹在中间物体成像的影响	
	了解自然界中各种各样的镜子	
主题进区	科学区：科学立柱、“镜”城看看	第 6 周
	益智区：镜子翻翻棋、镜子拼图	第 7 周
	美工区：光盘、我的小魔镜	第 8 周
	语言区：镜子主题绘本	第 5 周

课程环境

主墙全景

主墙全景如下图所示。

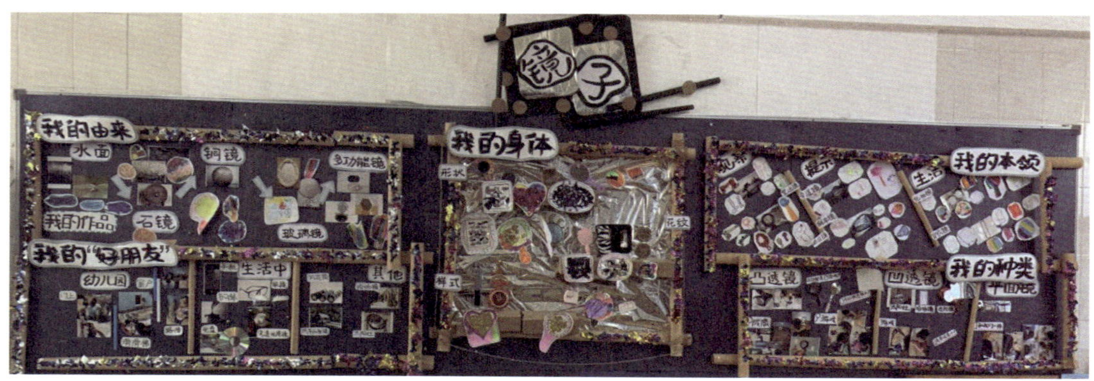

主墙全景

墙面设计

主墙以深蓝色为主，墙面中间使用大块银色亮光纸做成一面大"镜子"，同时为了凸显"镜子"这一主题，左右两侧四个分支以原木色圆纸筒进行划分，在圆纸筒上贴上彩色的亮光纸，使整体看起来灵动又富有活力。主墙共划分为五个分支：我的由来、我的"好朋友"、我的身体、我的本领、我的种类。

幼儿通过对比、观察、实践、调查、绘画、记录等方式，以不同的分支内容为切入点，对镜子展开全方位的主题探究活动。在这场主题探究活动中，幼儿获益颇丰，心中关于科学的种子也悄然生长……

分支内涵

1. 我的由来（幼儿参与方式：绘画、涂色）

镜子是如何来的？通过搜索网络资料、查阅书籍以及实物调查等方式，我们了解到：古时候的人们很长一段时间内是通过水面整理自己的仪容仪表的，对镜子有了初步的感知；随着时间的推移，聪明的古代人发现特定的原石材料、铜料能够反射出人的影像，于是石镜、铜镜应运而生；后来随着现代科技的发展，人们发明了玻璃镜，且包含各种功能的镜子也越来越多……幼儿通过观看视频、图片对镜子的发展历程有了初步的了解，并依据自己的了解，在纸上画出不同时期的镜子并进行涂色。

我的由来分支墙面

幼儿对镜子如何由来进行初步的了解

2. 我的"好朋友"(幼儿参与方式：实践调查)

除了镜子可以反射出人的影像外，还有哪些物体也可以？有了疑问，我们便开始进行实践调查。在幼儿园的实践调查中，我们发现幼儿园随处可见可以反射影像的物体，如窗户、滑滑梯等。在和爸爸妈妈进行的调查中，幼儿也同样有收获。在日常生活中，光盘、眼镜等也可以反射影像。还有一些其他可以反射影像的物体，如万花筒、哈哈镜等。

我的"好朋友"分支墙面

3. 我的身体(幼儿参与方式:绘画、做手工、讨论、观察)

通过对镜子的对比、观察、讨论等,我们了解到镜子是不一样的,有的形状不一样,如方的、圆的;有的花纹不一样,如纯色的、条纹的、有图案的;有的样式不一样,如翻盖的、有把手的、挂着的、放在桌上的、全身的……经过一系列对比观察,幼儿对不同的镜子有了一定的了解,并在美工活动、区域活动中,利用画纸、亮光纸等材料,制作出了各种不同形状、不同样式的镜子。

我的身体分支墙面

4. 我的本领(幼儿参与方式:实践调查、绘画)

除了整理自己的仪容仪表,镜子还能干什么?我们通过在网上搜索资料、实践调查发现:科技馆的望远镜能帮助我们看得更远;汽车上的后视镜能帮助我们观察后方是否来车;弯道前安置的凸面镜能帮助驾驶员看到弯道后方的路况……

通过一系列的观察、探索、实践,幼儿了解了镜子的不同作用,对镜子强大的本领也有了一定的认知。然后将这些不同的镜子按照它们各自的作用进行了简单的分类,并依据自己的理解,将这些镜子利用绘画的方式记录下来。

我的本领分支墙面

观察镜

大大的穿衣镜

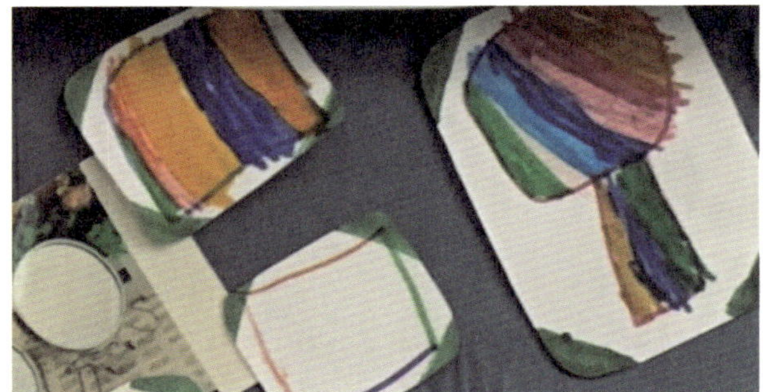

化妆镜

5. 我的种类(幼儿参与方式:实践)

在一系列主题探究活动中,幼儿又发现了一些新的问题:有的镜子反射出人的影像很大,有的镜子反射出人的影像很小,有的镜子反射出人的影像和自己相差无几,这是为什么呢? 通过主题课程我们了解到,镜面形态的不同,会导致其反射的人像、物像与实物有着巨大的差别,通过不同的关于镜子的实验和小游戏,幼儿也自主积累了关于镜子的经验。

我的种类分支墙面

家长进课堂:凸透镜实验

幼儿利用放大镜观察植物

幼儿利用放大镜观察纸上的小细节

照一照，观察和平面镜的不同

镜子里的书

小墙设置

1. 好玩的镜子

探索、观察平面镜的成像和反射原理。同时，使用画笔在画纸上画出自己在镜子中的样子。

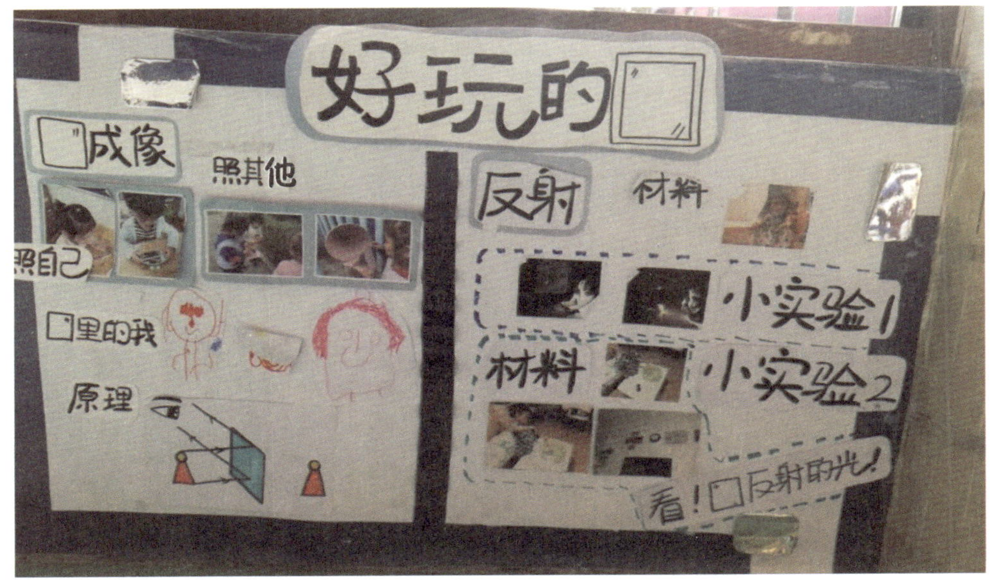

好玩的镜子小墙墙面

幼儿观察平面镜里的植物

2. 好玩的放大镜

放大镜的原理是什么？为什么光斑会变大变小？家长进课堂，通过凸透镜成像实验解答疑惑：固定手电筒，幼儿通过远近移动放大镜，观察光斑的大小变化，从而对“光源离放大镜越近，墙面上所呈现的光斑越大；光源离放大镜越远，墙面上所呈现的光斑越小”等科学原理有初步的感知。

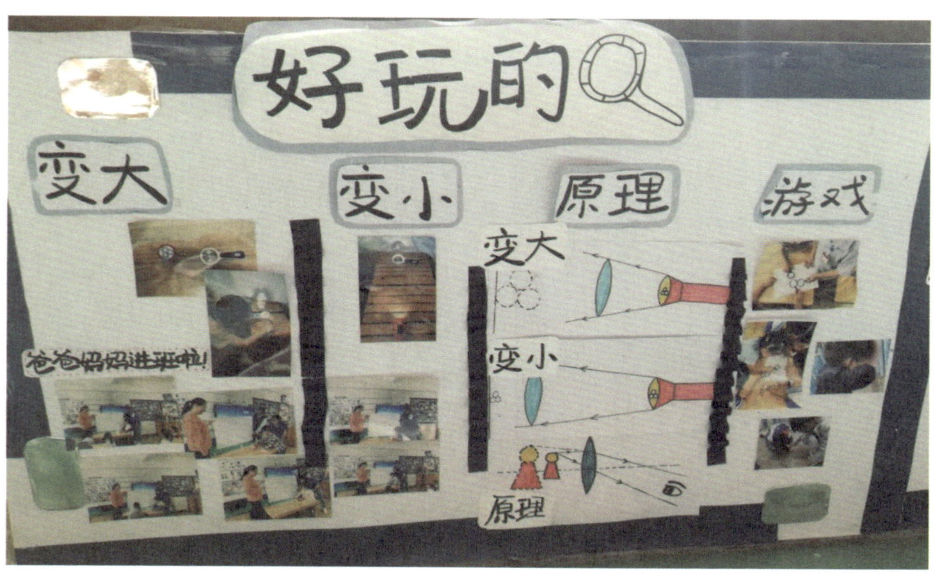

好玩的放大镜小墙墙面

3. 探秘三棱镜

三棱镜是光学上横截面为三角形的透明体，而万花筒是由多个平面镜组合而成的多面镜，它们有着怎样的区别呢？在阳光充足的时候，幼儿将三棱镜带到室外，通过光的色散实验，发现在有阳光的情况下，通过调整三棱镜的角度，能折射出美丽的彩虹。在万花筒实验中，幼儿通过多个平面镜的反射观测到美丽对称的图形，同时，万花筒中的平面镜越多，图案也就越复杂。

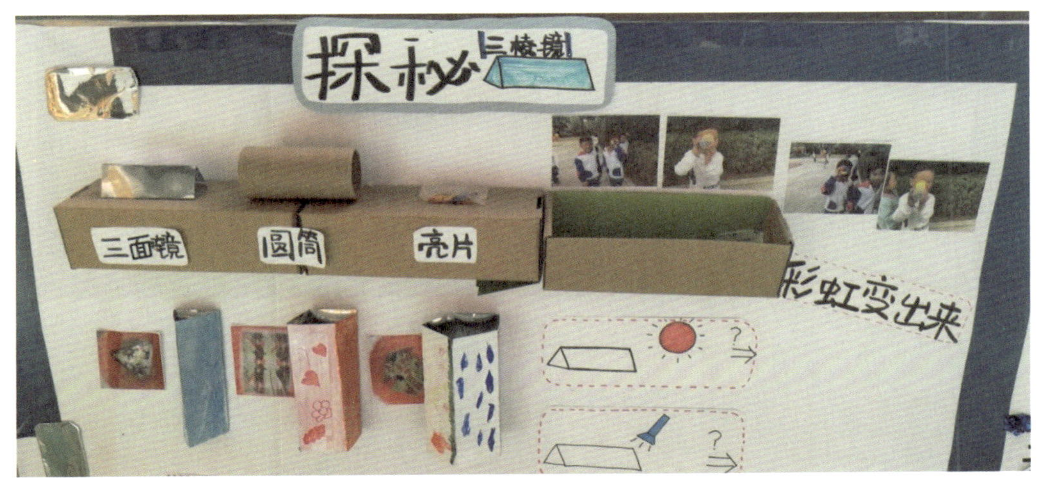

探秘三棱镜小墙墙面

四面万花筒成像

三面万花筒成像

4. 我设计的镜子

在一系列主题探究活动中，幼儿了解了不同的镜子，并选择生活中的材料（光盘、购物袋等），制作出能成像的小镜子。

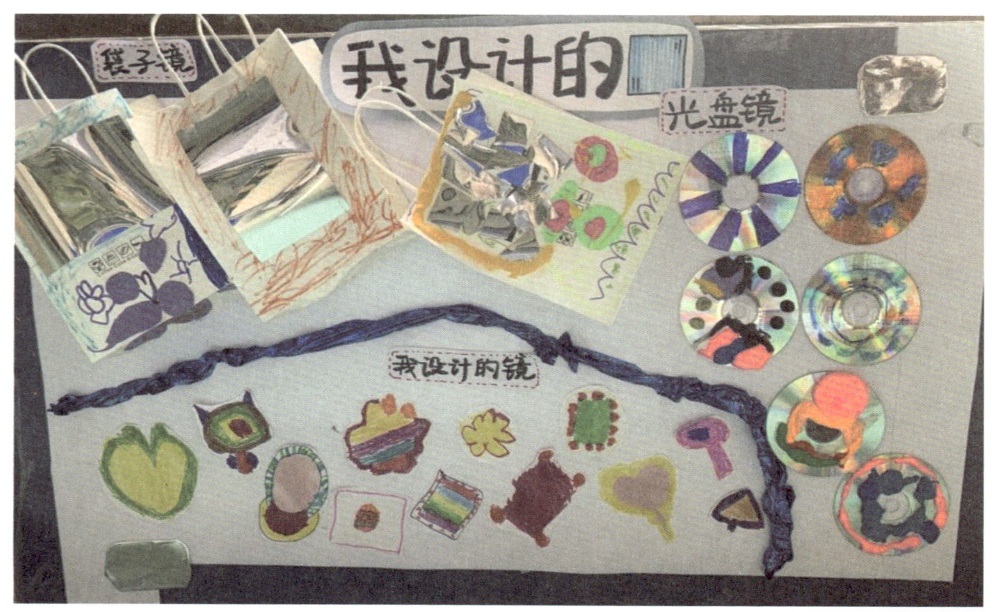

我设计的镜子小墙墙面

5. 我和镜子

两个镜子合在一起时，由于夹角不同，夹在两个镜子中间的棍子在镜子中显现的数量有什么不同？会变多还是变少？不同镜子里的我，又会是什么样的呢？一起来实验一下，并将结果记录下来吧！

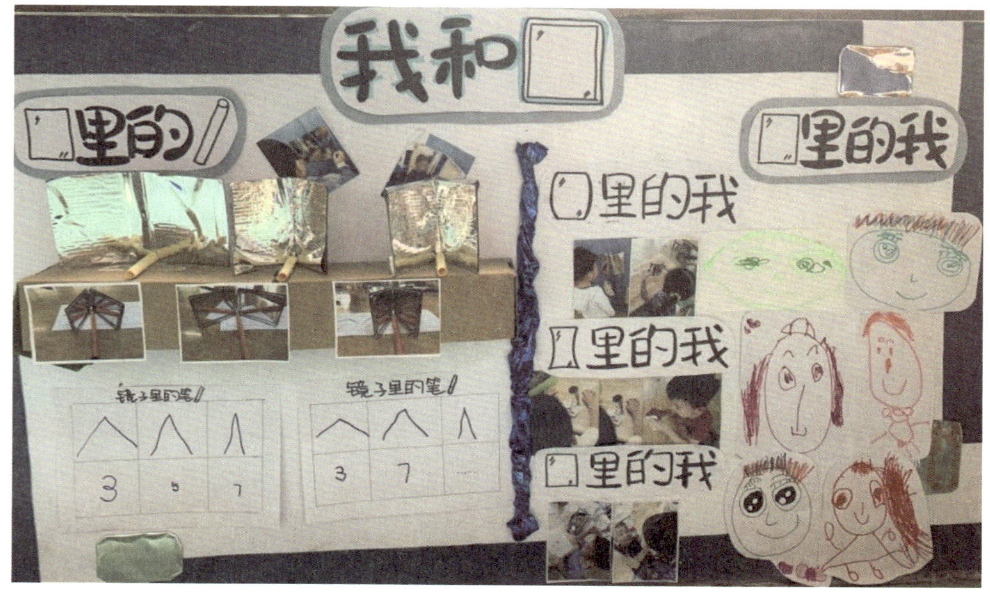

我和镜子小墙墙面

幼儿观察镜子里的自己

幼儿画自画像

6. 自然界的镜子

自然界存在着不同的镜子、不同的光影。平静的湖面、雨后地面的水洼，都是大自然赋予我们最美丽的镜子。同时，天然的水晶、玉石等也是一些特殊的镜子材料哦！

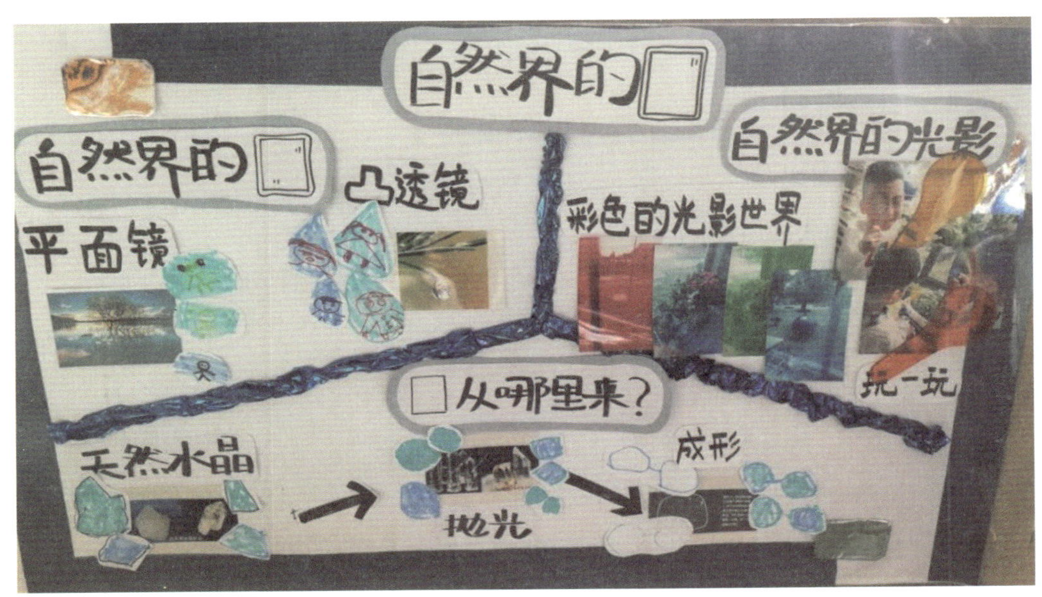

自然界的镜子小墙墙面

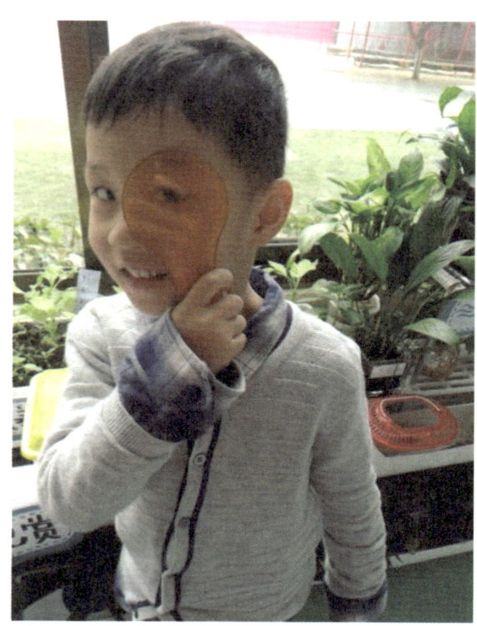

幼儿用彩色板观察周围

科学：有趣的镜子

活动目标

(1) 初步了解镜子的用途。

(2) 通过照镜子感知镜子中的自己，观察在镜子中做出不同表情的自己。

(3) 用镜子观察周围的事物。

活动准备

各种不同的镜子。

温馨提示

(1) 利用镜子材料导入，回忆生活中还有哪些镜子。

(2) 自主摆弄、观察镜子，自由表述自己在镜子中观察到的事物。

(3) 小游戏：我的表情变变变。鼓励幼儿镜像模仿教师的动作，跟着教师的动作变换动作。

科学：镜子的秘密

活动目标

（1）通过对镜子的操作，感知、发现光的反射现象。

（2）激发幼儿观察镜子、探索镜子奥秘的好奇心。

活动准备

（1）搜集不同的镜子带到幼儿园。

（2）各类不同造型的镜子、放大镜、凹透镜以及各种镜子的相似物。

温馨提示

（1）比一比、分一分，这些镜子都一样吗？

（2）幼儿表述凹透镜、凸透镜、平面镜中自己的不同之处。

（3）玩镜子游戏：利用镜子的反射将太阳光照进教室。

科学：好玩的放大镜

活动目标

（1）认识放大镜，初步学习如何使用放大镜。

（2）感受放大镜为人们的观察活动带来的便利，激发幼儿的探索兴趣。

活动准备

每人一个放大镜、动物标本、树叶书签、图书。

温馨提示

（1）利用动物标本导入，引出放大镜。

（2）运用幼儿关于放大镜的已有经验，观察放大镜的形状、镜片以及使用时的注意事项。

（3）学习使用放大镜观察树叶书签、图书等。

语言：神奇的玻璃

活动目标

（1）听故事，理解故事中小白兔战胜大灰狼的办法，知道“神奇的玻璃”的含义。

（2）让幼儿了解凸透镜的成像特点及在生活中的应用。

（3）体验哈哈镜成像的滑稽和有趣，感受人在哈哈镜里的不同变化。

活动准备

放大镜一个、凸透镜一个、故事挂图、故事磁带。

温馨提示

（1）看图讲述故事，并用关键性提问引导幼儿关注画面细节。

（2）师生完整讲述故事，进一步引导幼儿理解故事的基本内容。

（3）结合故事中凸透镜的模样和用处，引导幼儿利用已有经验，讨论生活中还有哪些镜子。

数学：不同形状的镜子

活动目标

(1) 巩固对三角形、正方形、长方形的认识。

(2) 了解圆形、椭圆形的特点。

(3) 对不同形状的镜子进行分类。

活动准备

课件、不同形状的镜子的图片、分类操作卡。

温馨提示

(1) 认识不同形状的镜子，并口述各种形状的特点。

(2) 对不同形状的镜子进行分类，并将镜子的图片贴在分类操作卡上。

(3) 幼儿口述分类结果并总结不同形状的镜子的外形特征。

音乐：小花猫照镜子

活动目标

(1) 培养幼儿爱整洁、爱美的意识。

(2) 在音乐的伴奏下，幼儿跟着教师学做小猫的表演动作。

活动准备

小猫头饰、小猫尾巴若干、歌曲《小花猫照镜子》。

温馨提示

(1) 完整跟唱歌曲《小花猫照镜子》。

(2) 自由表现歌曲中的动作。

(3) 请幼儿做小花猫的动作，全体幼儿边唱边模仿小花猫照镜子的动作。

区域渗透

科学区

科学立柱

玩法提示：科学立柱共分为六个面。① 魔镜拷贝不走样：选择不同的提示色卡，贴在操作面上，将彩色小积木放在两面镜上，通过调整镜子的角度，使镜子里反射积木的倒影与色卡一致。② 放大镜找找看：利用放大镜找到不同的细小数字，并记录下来。③ 我的另一半：利用镜子的反射原理，找一找这些图案的另一半。④ 魔镜之万花筒：将不同形状、不同颜色的块状物体摆在平台上，通过将平台边缘的小镜子移动不同的角度，观察两面镜的成像。⑤ 你的指纹是哪种：用印泥印下自己的指纹，通过放大镜观察自己的指纹。⑥ 魔镜找光影：用手电筒照画有图案的镜面，通过调整手电筒和镜面的距离，使手电筒照到镜面图形的光影反射到立柱上，并与立柱上的图形重合。

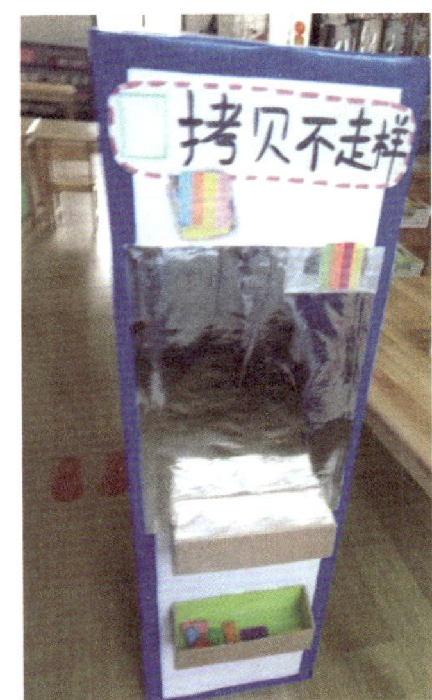

科学立柱

“镜”城看看

玩法提示：自制平面镜、凸透镜、凹透镜，观察不同镜面里的自己有什么不同。

“镜”城看看

益智区

镜子翻翻棋

玩法提示：两人游戏，将印有镜子图案的棋子反扣在棋盘上，找到有相同镜子图案的棋子，找到棋子的数量多者获胜。

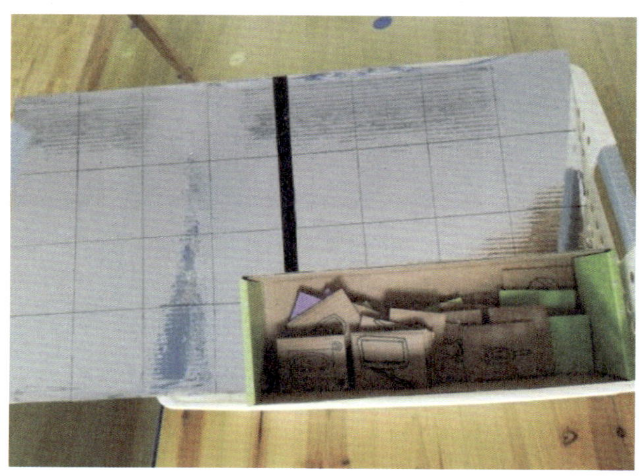

镜子翻翻棋

镜子拼图

玩法提示：将镜子拼图按照原本的形状拼起来。

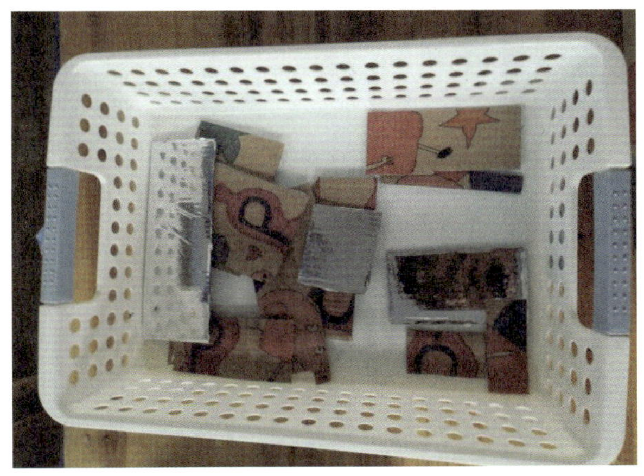

镜子拼图

美工区

光盘

玩法提示：在光盘上绘画并制作装饰品。

光盘

我的小魔镜

玩法提示：利用碎的彩色亮光纸来装饰镜面。

我的小魔镜

语言区

镜子主题绘本

自主选择阅读有关镜子的主题绘本。

镜子主题绘本

撰写人：叶美玲

每次雨天，幼儿最开心的事就是能自己撑着伞来上学，小脚踩着水不停地问：“为什么伞可以挡雨呢？”“伞除了可以挡雨、遮太阳，还可以用来做什么呢？”“为什么伞的身体里有那么多‘脚’呢？”“很久以前的人用的伞是什么样子的？”……承载着幼儿探索的渴望，我们开启了一场关于“伞”的主题揭秘之旅！

问题墙

课程目标

（1）在观察和探索中，了解伞的外形、种类、结构，熟知伞在生活中的广泛应用。
（2）通过调研、搜集、拆装、实验、记录等方式对伞进行探究，感知伞面挡水、遮阳等功能。
（3）在积极参与和持续探究中保持对伞的探究兴趣。

课程规划

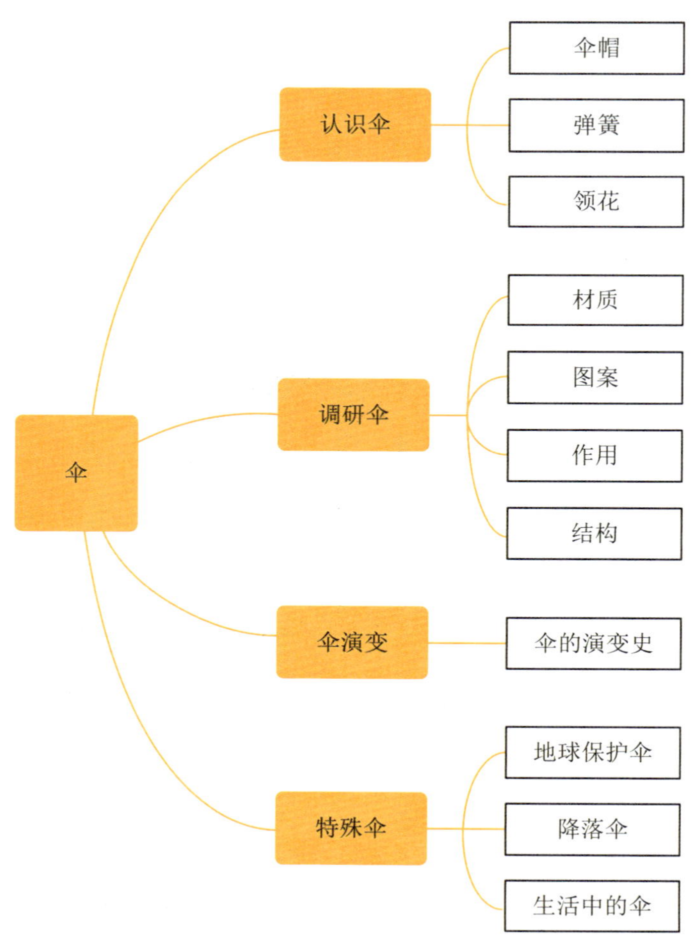

主题游记

内容	基本思路	预设时间
前期准备	主墙面轮廓的设计与布置	第 1、2 周
	亲子调研，幼儿搜集家中的伞，记录伞的外形、种类、作用	
	家园共同搜集与伞相关的绘本及实验素材并准备伞的相关实物	
涉及领域	科学：各种各样的伞、看谁落得快、地球保护伞、自制小伞、会不会漏水	第 1～3 周
	手工：美丽的伞、自制纸伞	第 3 周
	语言：大家都有一把伞	第 4 周
主墙环境	认识伞的各个部件，如伞帽、弹簧、领花等	第 2 周
	调研伞的图案、材质、结构、作用等	第 3 周
	了解伞从古至今的演变过程	第 4 周
	了解特殊的伞	第 5 周
小墙环境	进行各种关于伞的实验	第 6 周
	幼儿进行伞的称重、伞的开合、伞的制作等小游戏	第 7 周
主题进区	科学区：科学立柱、会变的伞面、旋转伞花、照出另一半、伞的拆装	第 3～8 周
	益智区：华容道、伞形排排序、伞面记忆棋	
	美工区：描伞线、扇中伞、伞面装饰	
	语言区：伞主题绘本、自制小书	

课程环境

主墙全景

主墙全景如下图所示。

主墙全景

墙面设计

主墙采用深蓝色、浅蓝色为主色调，以主墙中间的伞的图案为中心，四条白色边框旋转延长，将墙面分为四个板块。主墙两侧分别设置了晴天和雨天两种天气的情境式布局，寓意伞的遮阳和挡雨两大功能。墙面主要包括认识伞、调研伞、伞演变、特殊伞四大板块，主要呈现方式包括实物、图片、调研表、统计表、绘画作品、手工作品等，并使其贯穿幼儿对整个主题认知与探究的过程。

分支内涵

1. 认识伞（幼儿参与方式：观察、绘画）

以实物对应数字的方式，向幼儿一一介绍伞的各个部件，如伞帽、弹簧、领花等。此板块采用上下错位的方式，需要幼儿在数与数的对接中，完成各部件的匹配。对于中班幼儿而言，这是一种有一定挑战的学习方式。同时，幼儿用绘画的方式参与记录。

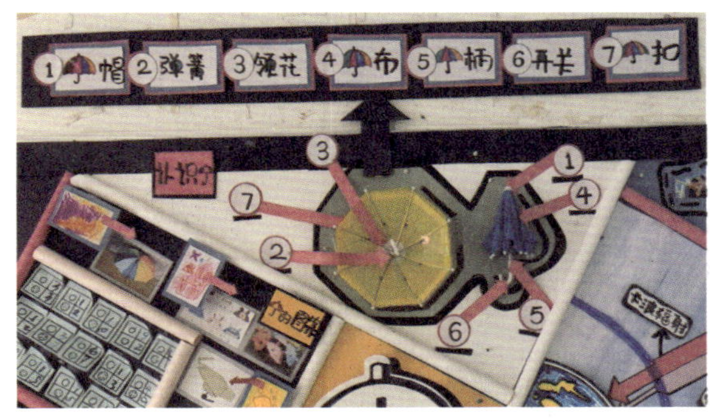

认识伞分支墙面

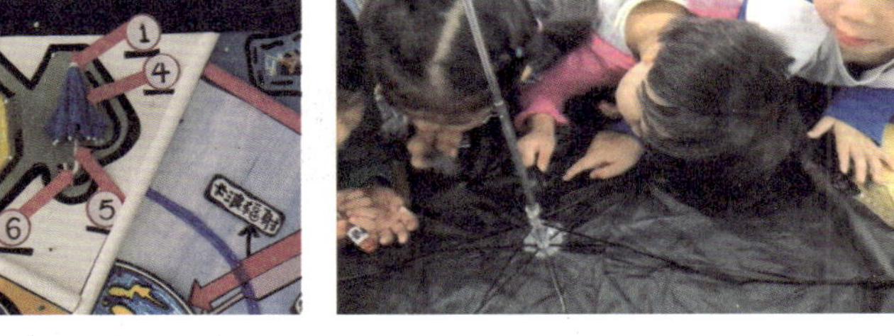

幼儿观察伞

2. 调研伞(幼儿参与方式:调研、绘画、记录)

此分支主要包含伞的材质、伞的图案、伞的作用、伞的结构四个小板块,结合家园调研的结果,对相关经验进行提炼。

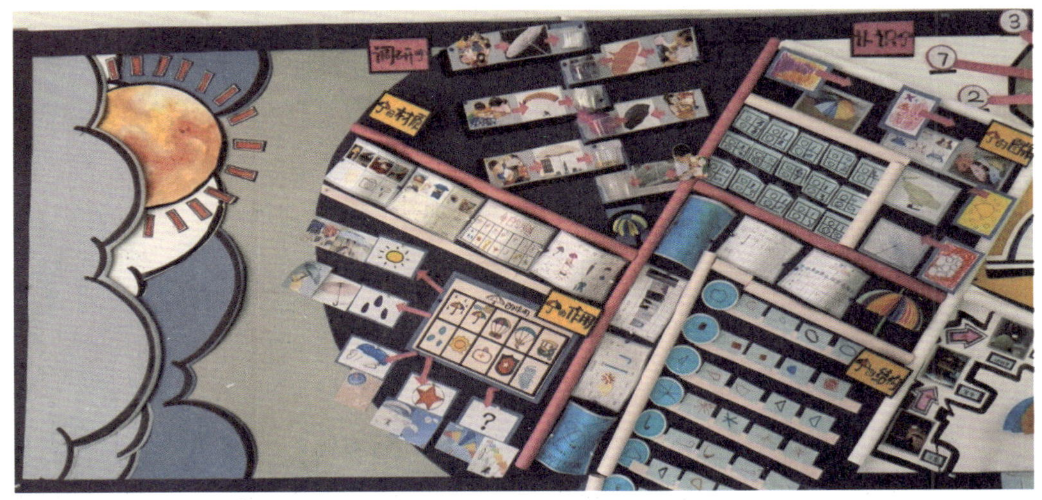

调研伞分支墙面

(1) 伞的材质。

主要由各种不同材质(竹、布、纸)的实物、图片、幼儿的体验照片进行呈现,供幼儿在三重对比中进行观察,了解多种伞的材质。

(2) 伞的图案。

主要由幼儿观察后的统计记录、图片、幼儿手绘的图案卡组成。此部分以幼儿参与体验为主要方式,还原生活中多元化的伞的形状等特征。

(3) 伞的作用。

主要由调研表、作用统计表、图片组成。幼儿在家长的带领下利用调研表对伞的用途进行记录。

（4）伞的结构。

主要由调研表、幼儿手绘的伞的各部件的图卡组成。爸爸妈妈的共同参与，能让幼儿更轻松地画出伞的各个部件。

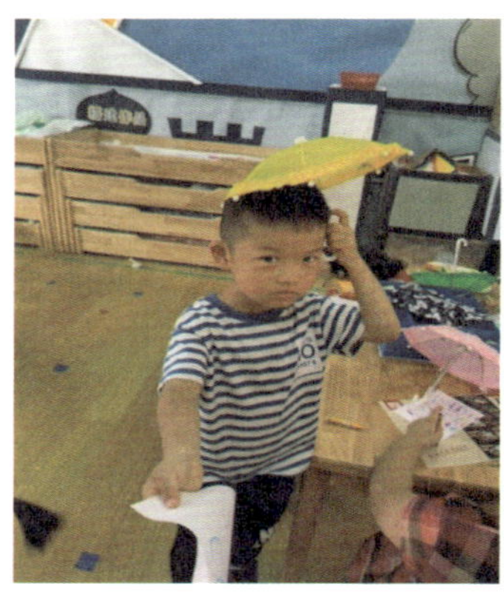

幼儿参与伞的调研活动

3. 伞演变（幼儿参与方式：回顾、串联）

此分支墙面体现了伞从古代到现代的演变历程。这些图片皆来源于集体开展过的教学活动，通过墙面，幼儿可以像看故事一样对伞的演变过程进行回顾与串联。

伞演变分支墙面

4. 特殊伞

此分支主要包含地球保护伞、降落伞、生活中的伞三个小板块，以诠释自然界中伞的另一种存在方式。

（1）地球保护伞。

利用现实模拟的示意图，直观形象地呈现臭氧层与地球之间的亲密关系，臭氧层是地球的保护伞，可以帮助我们隔离紫外线，保护地球上的人类免受紫外线的伤害。

（2）降落伞。

幼儿自己动手制作降落伞，并到户外玩降落伞，亲身体验降落伞下降的奥秘——落下来时伞面会鼓起来，这是因为有空气在托着伞面。

（3）生活中的伞。

从动物、植物、生活用品、建筑四个方面呈现不一样的伞，实现伞的认知延伸。这些物体，有的长得像伞，如蘑菇、凉亭等；有的和伞有着同样的功能，如荷叶等。

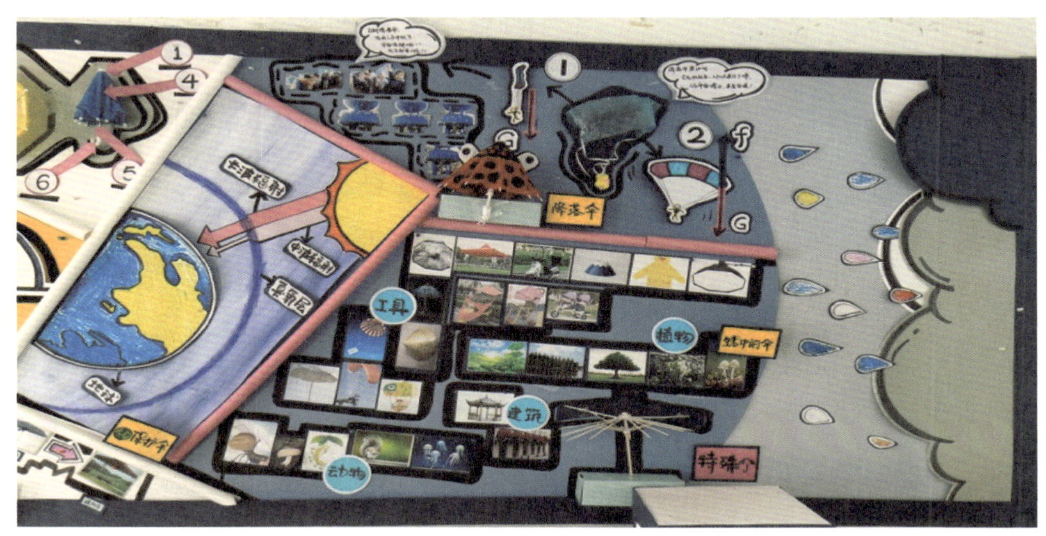

特殊伞分支墙面

幼儿参与特殊伞的探索

小墙设置

1. 伞的实验

（1）伞的防水和遮阳。

通过实验示意图和记录表揭示不同材质的伞面涂层防水和防紫外线的程度。

（2）伞的调查。

集中展示幼儿在家发现的伞的秘密，有关于结构的、有关于作用的、有关于演变的，这些都是幼儿用绘画的方式展现的，以记录幼儿对伞的持续探索。

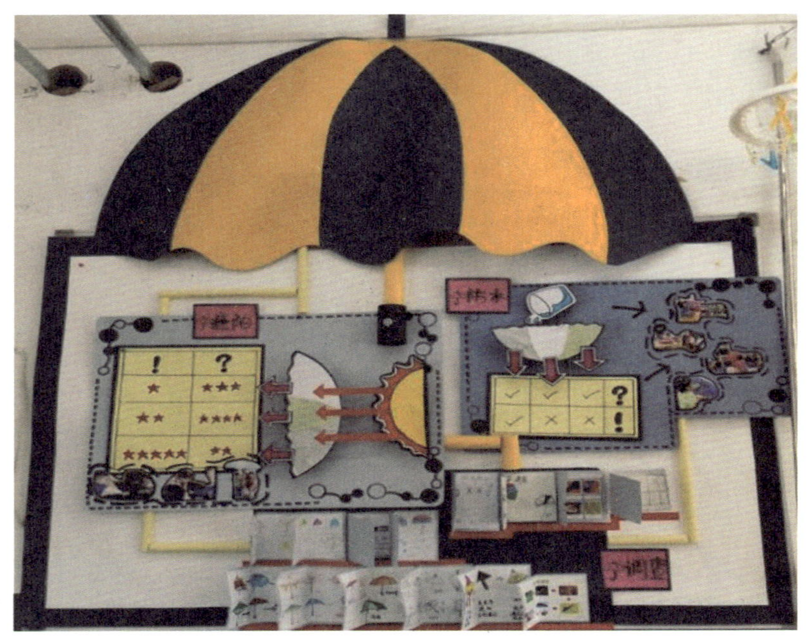

伞的实验小墙墙面

幼儿参与伞的防水实验

2. 我们与伞

（1）伞的称重。

用科学区里的天平对不同的伞进行称重比较，记录伞的不同重量，学习称重与记录的方式。

（2）伞的开合。

了解伞的开关部位的异同，有直直的、弯钩的、按钮的、反向撑开的等。每一种开合方式都有自己的优势，有的节省空间，有的美观好看，有的方便携带。

（3）伞的制作。

通过剪影还原幼儿制作伞的过程，并展示幼儿制作的伞的作品。

我们与伞小墙墙面

我 的 课 程

科学：各种各样的伞

活动目标

(1) 对各种伞感兴趣。

(2) 比较各种伞的不同，学习按照不同的方式对伞进行分类。

活动准备

幼儿自带各种材质及款式的伞。

温馨提示

(1) 初步了解伞的种类和外形。

(2) 比较伞的异同，了解伞的基本结构。

(3) 探讨生活中伞的用途。

(4) 说出伞的相同与不同，并根据伞的材质、款式、颜色等对伞进行分类。

科学：看谁落得快

活动目标

(1) 喜欢参与制作降落伞的活动，体验玩降落伞的乐趣。

(2) 了解降落伞的降落速度与垂吊物重量之间的关系。

活动准备

透明塑料袋、夹子、雪花片、积木若干、记号笔、记录表。

温馨提示

(1) 观察降落伞，引起幼儿的兴趣。

(2) 自制降落伞，了解降落伞的制作方法与步骤。

(3) 玩降落伞，在操作中感知物体下落的现象及不同的速度。

(4) 对比探索，了解降落伞的降落速度和垂吊物重量之间的关系，垂吊物越重降落速度越快。

(5) 记录结果，师幼共同总结游戏结果。

科学：地球保护伞

活动目标

(1) 知道地球的保护伞是臭氧层。

(2) 了解臭氧层的作用，培养幼儿爱护地球的环保意识。

活动准备

课件、纸、笔。

温馨提示

(1) 猜谜导入，了解地球的特征及作用，知道地球是我们共同的家。

(2) 观看课件，了解地球的保护伞——臭氧层。

(3) 讨论：如果地球没有臭氧层会怎么样？

(4) 集体作画，绘制“保护地球”倡议书。

科学：自制小伞

活动目标

(1) 能根据伞的结构进行伞面、伞柄、伞骨的部件制作与组合。

(2) 喜欢参与活动，积极发现问题并解决问题。

活动准备

制作伞的材料(如小棒、海绵块、布、牙签、手工纸、彩泥等)、实物伞。

温馨提示

(1) 欣赏手工伞，激发幼儿制作伞的兴趣。

(2) 观察伞的基本结构，讨论自制伞的材料与方法。

(3) 出示小棒、海绵块、布、牙签、手工纸、彩泥等材料，幼儿分组进行伞的制作。

(4) 发现、交流并调整制作伞的方法。
(5) 师幼共同将作品布置在主题环境中。

科学:会不会漏水

活动目标
(1) 熟练利用记录表进行实验记录。
(2) 了解不同伞面的材质与防水性。

活动准备
各种材质的伞(布伞、油纸伞、纸伞)、水、记录表、盆。

温馨提示
(1) 观察纸伞、布伞、油纸伞的材质,对比其厚度、硬度的异同。
(2) 判断各种伞面的防水性,并在记录表上进行记录。
(3) 分组实验,在不同材质的伞面上倒水,观察是否会漏水。(伞下可放置盆,用于接水)
(4) 大胆表达,记录观察结果。
(5) 集体讨论:为什么伞不会漏水?

手工:美丽的伞

活动目标
(1) 大胆运用色彩,进行伞面装饰。
(2) 能使用对称的方式装饰雨伞,感受对称图形的美。

活动准备
课件、筷子、一次性彩色杯子、双面胶。

温馨提示
(1) 情境导入,激发幼儿绘制多彩伞的兴趣。
(2) 观察图片,表述画面中图案对称的特点,发现多种图案的对称方式。
(3) 教师介绍作画要求,幼儿自主创意作画。
(4) 幼儿介绍自己制作的伞,并说说自己的装饰方法。

手工:自制小纸伞

活动目标
(1) 学习由四角向中心折纸的方法,提升动手能力。
(2) 体验折纸的乐趣。

活动准备
方形手工纸、图片、水彩笔。

温馨提示
(1) 出示方形手工纸,引出主题。
(2) 出示折纸步骤图,讨论制作伞的方法。

（3）对照步骤图，自主制作并装饰伞。

（4）作品评展。

语言：大家都有一把伞

活动目标

（1）初步感知儿歌的韵律与句式，学会有节奏地朗诵儿歌。

（2）理解儿歌中小动物与伞的关系，并尝试用连贯、准确的语句进行表达。

活动准备

课件、故事《大家都有一把伞》。

温馨提示

（1）听故事，了解故事的主要人物及内容。

（2）分段理解故事，梳理故事中小动物与伞的关系，知道这些伞的作用。

（3）师幼共同讲述故事，引导幼儿自主表述故事内容，并说一说自己对伞的作用的理解。

（4）选择自己喜欢的角色进行故事扮演。

科学区

科学立柱

玩法提示：科学立柱共分为六个面。① 转一转：双手来回前后搓转“伞柄”，观察卡纸上图案的变化。② 比一比：对比不同大小、重量的降落伞的降落速度，并将猜测和验证结果记录下来。③ 走一走：依据数卡提示，在绳子上夹上对应数量的夹子。④ 谁不会漏水：先对实验结果进行猜测，将猜测结果填写在记录表中，然后用橡皮筋将不同材质的布料固定在塑料杯上，将滴管中的水滴在不同的布料上观察漏水情况。将最终的验证结果记录在表中，第一个记录表记录不同布料的漏水情况；第二个记录表记录漏水的布料需要几滴水才会开始漏水。⑤ 分分类：将不同伞状的物体的图片进行四种类型的分类。⑥ 试一试：根据示意图，试一试能否将伞平衡地竖立在指尖、手掌上，并将伞收起来旋转和撑开旋转，对比它们的区别。

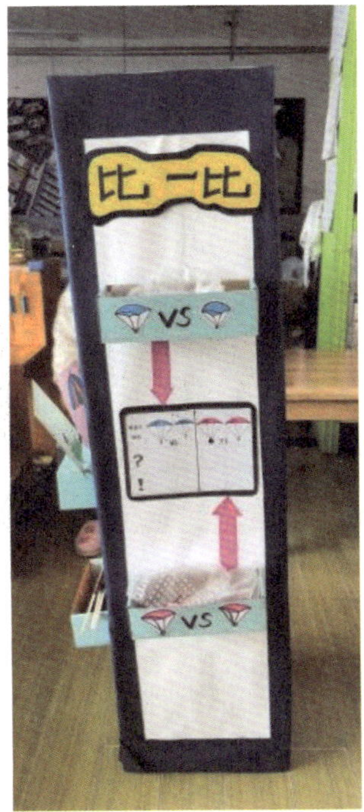

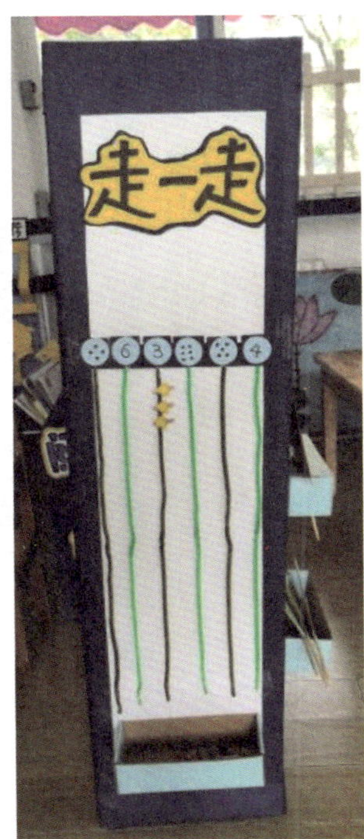

科学立柱

会变的伞面

玩法提示：幼儿利用打气筒给气球充气，观察气球上伞的图案的变化。

会变的伞面

旋转伞花

玩法提示：在画有图案的乒乓球底部沾些水，将它放在塑料板上，观察乒乓球自行旋转的现象，观察图案旋转时的变化。

旋转伞花

照出另一半

玩法提示：利用镜子的反射原理，将镜子放在黑线上，调整角度，寻找图案的另一半。

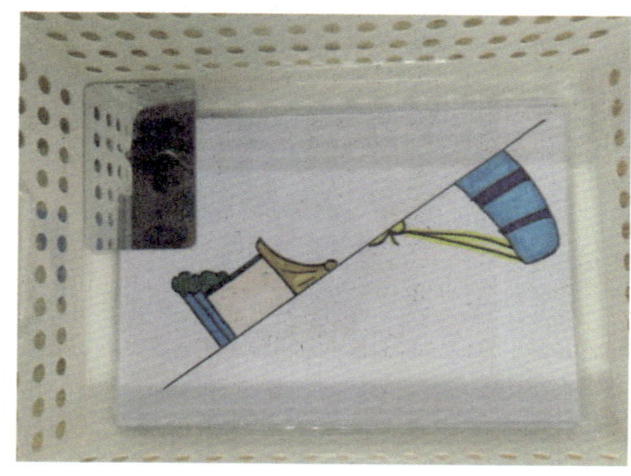

照出另一半

伞的拆装

玩法提示：利用不同的工具，对伞进行拆装，探索伞的部件。

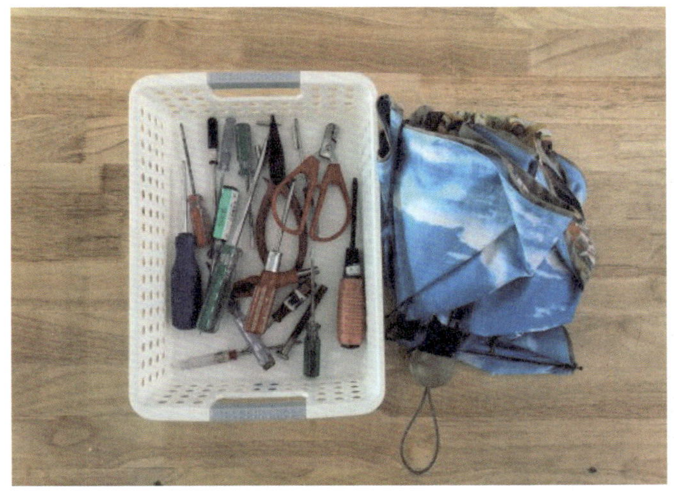

伞的拆装

益智区

华容道

玩法提示：经过移动，将相同颜色的伞移至同一横行上。

华容道

伞形排排序

玩法提示：依据提示卡的排序规律，将“伞”在彩条上进行对应排序。

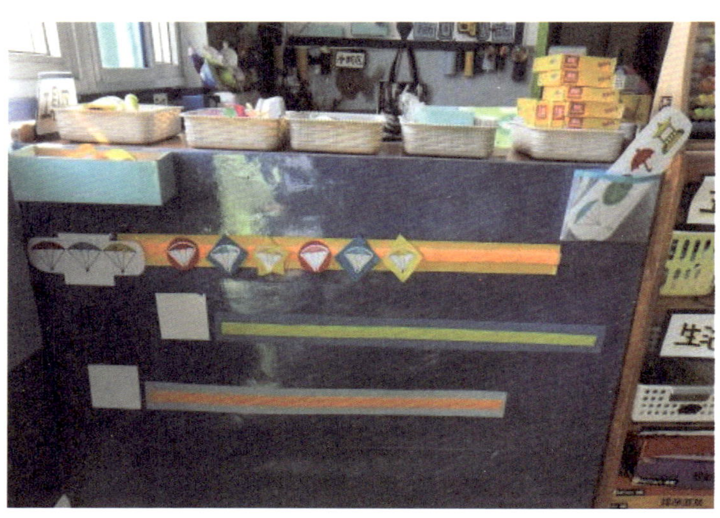

伞形排排序

伞面记忆棋

玩法提示：将画有伞面的瓶盖倒扣在十二个格子中，两个幼儿轮流翻开一个瓶盖，记住其中的颜色，根据记忆将两种颜色相同的瓶盖同时找出。找出相同颜色伞面的瓶盖多的一方获胜。

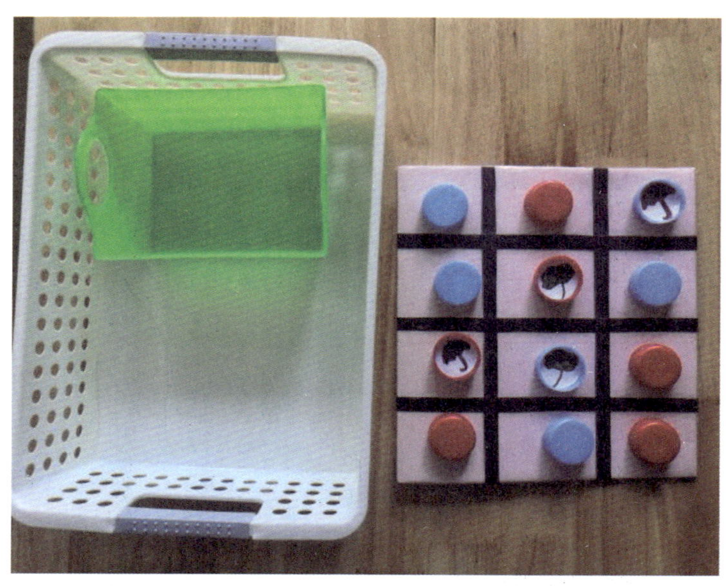

伞面记忆棋

描伞线

玩法提示：幼儿通过线描画的形式，进行伞的填充装饰。

描伞线

扇中伞

玩法提示：用不同颜色的颜料在扇面上进行伞的绘制。

扇中伞

伞面装饰

玩法提示：用记号笔在每个伞面上绘制不同的小伞。幼儿根据自己的想象在伞面上进行添画。

伞面装饰

语言区

伞主题绘本、自制小书

自主选择阅读有关气球的主题绘本；幼儿根据自己的想象，对小伞进行故事创编，并绘画装订成册。

伞主题绘本

自制小书

影子

撰写人：邑丹丹

问题产生

影子是一种常见又神秘的自然现象。在阳光下追逐同伴和自己的影子，一直都是幼儿乐此不疲的游戏。幼儿喜欢进行影子游戏，同时也产生了诸多疑问："为什么会有影子呢？""影子都是黑色的吗？""阴天也会有影子吗？""为什么有的影子长，有的影子短呢？"……关于"影子"的主题活动由此产生，该活动主要引导幼儿关注生活中的现象，通过观察、实验充分感受影子的奥秘，对光源和影子的关系产生探究兴趣，随着一步步的探索，培养幼儿善于观察、勇于探索的良好品质。

课程目标

（1）拓宽关于影子的知识储备，了解影子的成因、长短和大小变化等。

（2）运用对比、观察、实验、记录等方式进行探究。

（3）在积极参与和持续体验中对影子保持好奇心和探究热情。

课程规划

影子
影子聚会
各种影子(动物、植物、人)
影子自画像
寻找各种光影
影子秘密
影子的形成、特征
影子的长短、方向、大小
彩色的影子、空心的影子
了解日食、月食
影子游戏
找影子、藏影子、躲影子、踩影子
画影子
体验皮影戏表演
影子应用
医学影像
测量高度
判断时间
皮影戏表演
电影制作

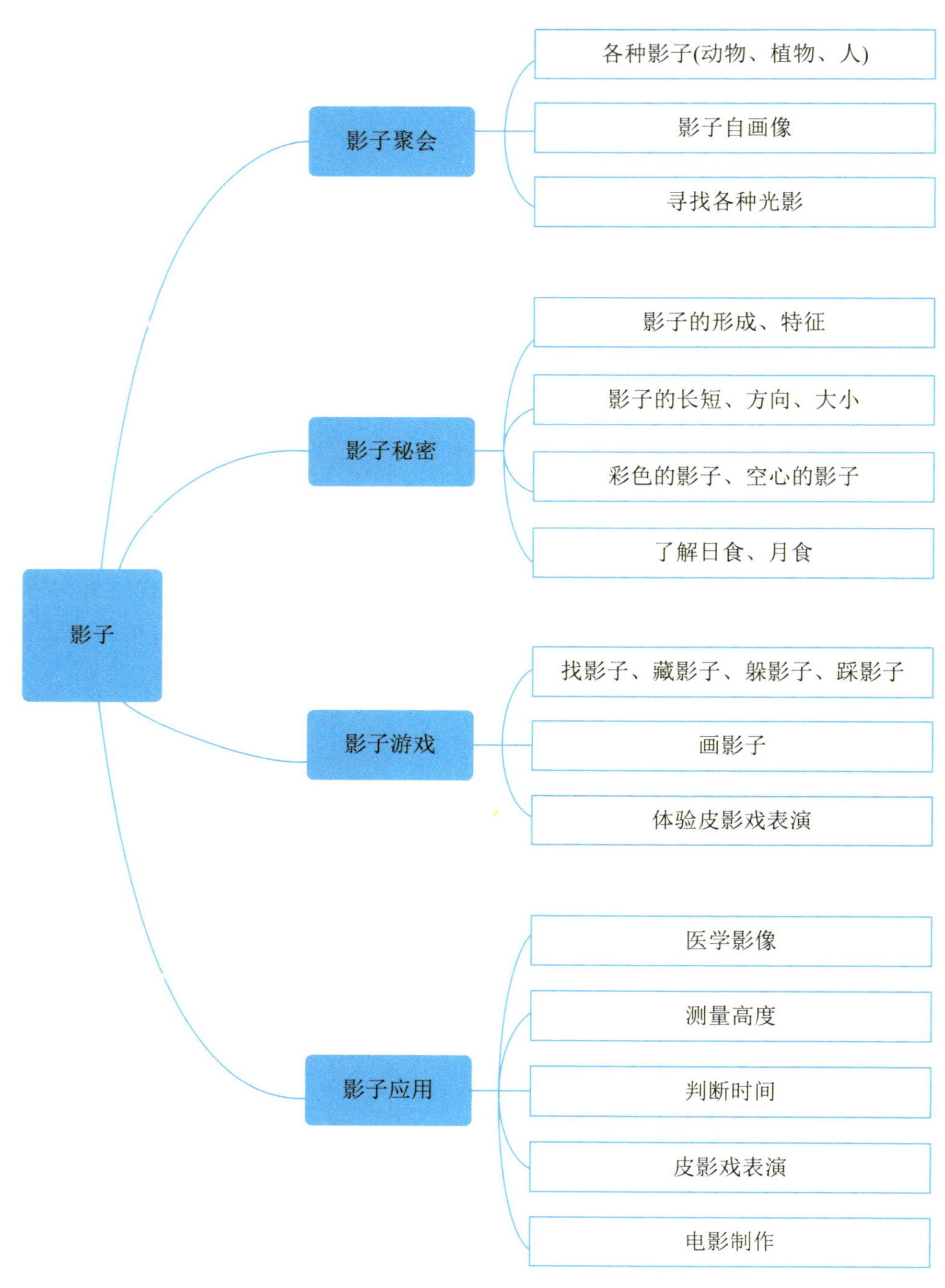

主题游记

内容	基本思路	预设时间
前期准备	搜集与影子相关的问题	第 1 周
	请爸爸妈妈给幼儿讲有关影子的故事	
	搜集与影子有关的实验	
	搜集有关影子的绘本	
涉及领域	科学:有趣的影子、影子的变化、太阳和影子	第 3 周
	语言:影子	第 2 周
	美术:户外画影子	第 3 周
	社会:好玩的皮影戏	第 4 周
主墙环境	拓宽幼儿对各种影子的认知	第 1 周
	通过亲身实践了解影子形成的原因	第 2 周
	组织不同的影子游戏,体验影子带来的乐趣	第 3 周
	了解影子在生活中的应用	第 4 周
小墙环境	记录生活中不同光下的影子	第 5 周
	设计独一无二的影子造型,制作自己喜欢的影子形象	
	进行关于影子的实验	
主题进区	科学区:科学立柱、彩色的影子	第 6 周
	美工区:玩偶影子秀、影子添画	第 7 周
	益智区:影子配对	第 8 周
	表演区:手影小剧场	
	语言区:影子主题绘本	

课 程 环 境

主墙全景

主墙全景如下图所示。

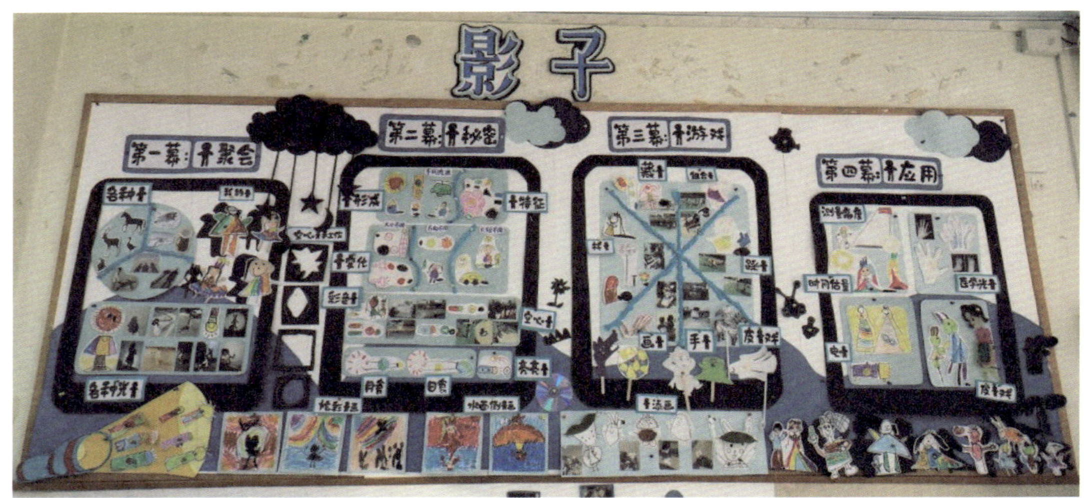

主墙全景

墙面设计

主墙以夜幕为场景，使用了蓝色、白色为主色调，以一幕幕电影故事的方式来呈现内容。每个板块以黑色的影子作为框架，共分为四个分支：影子聚会、影子秘密、影子游戏、影子应用。

随着四大分支主题内容的开展，幼儿通过绘画、猜测、讨论、实验、记录等方式从各个层面探究光与影的关系，并感知影子的变化与时间的关系。通过“影子”的主题探究活动，激发幼儿学习的欲望与好奇心，让幼儿进行影子世界的奇妙探索。

分支内涵

1. 影子聚会（幼儿参与方式：绘画、做手工、实践）

这一板块的内容主要是寻找各种各样的影子，有动物的、植物的、人的，幼儿通过绘画、做手工的形式展示自己影子的自画像。幼儿还通过实践去寻找各种光影，如寻找太阳光下、路灯下、手电筒光下的影子。

影子聚会分支墙面

幼儿画出不同光源下的影子

2. 影子秘密(幼儿参与方式：做手工、绘画、实验、记录、讨论)

在探究影子的秘密时，幼儿通过亲身实践，找到影子形成的原因：在光源下，一部分物体被挡住，就形成了影子。幼儿通过绘画，展现影子的特征；通过观察，了解影子的长短、方向等；通过实验，了解影子的大小和光源的距离远近有关；通过亲手实验操作，了解彩色影子的形成；通过动手制作，观察空心影子的特点；通过绘本阅读，了解日食和月食的特点，并通过绘画的方式呈现。

影子秘密分支墙面

幼儿探索影子的秘密

3. 影子游戏（幼儿参与方式：做手工、绘画、实验、表演）

幼儿进行多种不同的影子游戏，感受影子游戏带来的乐趣。通过找影子、藏影子、躲影子、踩影子游戏，感受影子的有趣与神秘。同伴之间合作画影子，感受影子的特性。幼儿尝试制作各类玩偶形象，创编故事情节，体验皮影戏表演的乐趣。

影子游戏分支墙面

幼儿一起和影子做游戏

4．影子应用（幼儿参与方式：绘画、实验、记录、做手工）

影子在我们生活中的应用是很广泛的，如用于医学影像、测量高度、判断时间、皮影戏表演、电影制作……这些都是影子在生活中常见的应用。幼儿和同伴一起查找资料，获取有关影子的知识，并通过绘画等形式呈现出来。

影子应用分支墙面

幼儿进行皮影戏表演

1. 不同影子

寻找生活中不同光下的影子，通过拍照、绘画的形式将其记录下来。照镜子发现镜像的特点，并和同伴分享，记录发现结果。通过观看视频、照片了解水中倒影的秘密，自己设计一幅美丽的水中倒影画。

不同影子小墙墙面

幼儿画各种不同的影子

2. 有趣影子

了解生活中的成像工具并用画笔画出来；摆出不一样的动作，绘出独一无二的影子造型；开展亲子制作活动，和爸爸妈妈一起制作喜欢的人物、动物形象玩偶。

有趣影子小墙墙面

幼儿绘制成像工具

3. 探秘影子

通过实验揭示小孔成像的秘密，并通过绘画、做手工等方式巩固幼儿对小孔成像原理的认知。带领幼儿探索光盘为什么会反射光，寻找生活中还有哪些物体可以反射光，并将它们通过绘画的形式呈现出来。幼儿动手制作空心的图案，在户外实验操作，观察空心的影子，了解光沿直线传播的秘密。

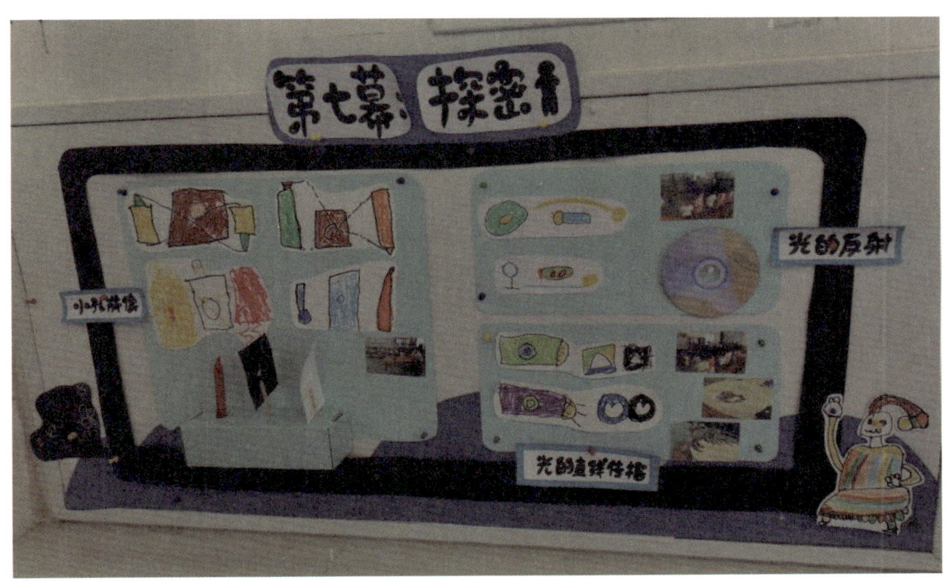

探密影子小墙墙面

小孔成像实验

幼儿观察空心的影子

我 的 课 程

科学：有趣的影子

活动目标

(1) 初步感知影子与光的关系，发现有光的地方才有影子。

(2) 尝试用多种方法感知影子的特征，体验与同伴合作探索的乐趣。

活动准备

一个黑暗的教室、晴朗的好天气、粉笔。

温馨提示

(1) 在黑暗的教室里找影子，先不开灯，没有影子，开灯后有影子。让幼儿知道有灯光的地方会有影子。

(2) 在阳光下玩“找影子”的游戏，寻找阳光下各种物体的影子。幼儿结伴探索并讲述自己的发现。(太阳发出光，光被挡住了，就会产生影子)

(3) 进一步探索影子的特征，在阳光下站立不动，观察影子的形状、颜色。在阳光下不断变换动作，观察影子的变化。

科学：影子的变化

活动目标

(1) 探索影子的产生和变化，使幼儿发现影子的产生和变化与光源有关。

(2) 了解影子在生活中的应用，丰富幼儿对影子的认知。

活动准备

课件、手电筒、玩具、记录表、记号笔、影子的图片。

温馨提示

(1) 自由探索：用手电筒和玩具做影子实验，探索光、物体和影子三者间的关系。

(2) 观看课件，了解各种各样生活中的影子，影子有的大，有的小，还有各种形状。

(3) 用手电筒从不同的方向照物体，观察影子的方位及大小变化。

(4) 记录探索的结果。

科学：太阳和影子

活动目标

(1) 知道影子产生的条件，知道一天中物体影子的长短和方向的变化规律。

(2) 能将观察到的现象用图画进行记录。

活动准备

记录表、画笔、钟表。

温馨提示

(1) 分组在户外寻找一个物体作为观察物，观察一天中物体的影子。

(2) 用画笔记录不同时间点这一物体的影子。

(3) 对比观察，小组分享发现。

语言：影子

活动目标

(1) 能够认真观察图片，理解图片内容，表达自己的想法。

(2) 喜欢玩关于影子的游戏，对影子的变化感兴趣。

活动准备

绘本《影子》、手电筒。

温馨提示

(1) 通过绘本《影子》导入，引发幼儿对影子故事的兴趣。

(2) 欣赏故事，了解故事内容，对手影游戏感兴趣。

(3) 尝试进行手影游戏，感受手部的动作变化呈现的不同的影子造型。

美术：户外画影子

活动目标

(1) 通过游戏，幼儿练习画影子，发展手部动作。

(2) 知道物体在阳光下有影子，影子是会变化的。

(3) 幼儿和同伴合作游戏，体验合作游戏的快乐。

活动准备

粉笔、色笔、白纸或报纸。

温馨提示

(1) 玩手影游戏。用手影做出兔子、狐狸、小鸟等造型，引起幼儿的兴趣。

(2) 幼儿自主选择同伴，合作画影子。一人摆造型，一人绘画。

(3) 幼儿共同欣赏作品。

社会：好玩的皮影戏

活动目标

(1) 通过欣赏，初步了解皮影戏的制作过程，感受皮影戏的艺术特色。

(2) 对皮影表演感兴趣。

活动准备

皮影戏视频、工具、笔、彩纸、木棍。

温馨提示

(1) 观察图片，表述已有经验。

(2) 欣赏皮影戏的精彩片段，表述自己的发现。

(3) 了解皮影戏的由来及表演形式，知道皮影戏是幕布后操控皮影人物进行表演的。

(4) 尝试表演皮影戏。

区域渗透

科学区

科学立柱

玩法提示:科学立柱共分为六个面。① 有趣的光现象:幼儿对图片进行分类,并判断光现象的原理。② 彩色的影子:用手电筒照有颜色的塑料杯发现彩色的影子,同时用彩色的颜料笔画出彩色的影子。③ 太阳在哪里:幼儿合作游戏,根据物体的影子特征,找出太阳的位置。④ 画影子:两个人合作游戏,用手电筒照物体,描画物体的影子。⑤ 影子配对:将图案与物体的影子相匹配。⑥ 不同形状的影子:根据实心的影子,找出物体的空心影子。

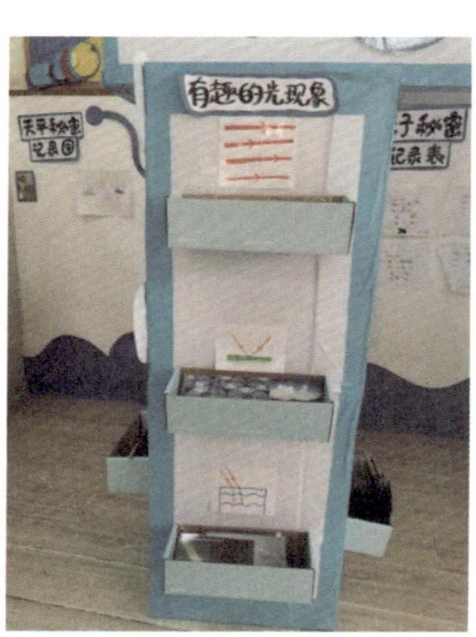

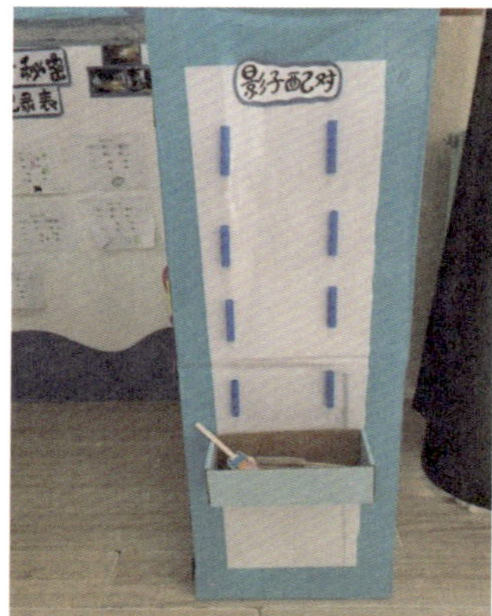

科学立柱

玩偶影子秀

玩法提示:使用各种材料制作玩偶,在画纸上自由摆放玩偶,观察不同角度产生的影子并将它们画下来。

玩偶影子秀

影子添画

玩法提示:幼儿自主选择材料,用手电筒照射材料,使其出现影子,将它们画下来,并进行创意添画。

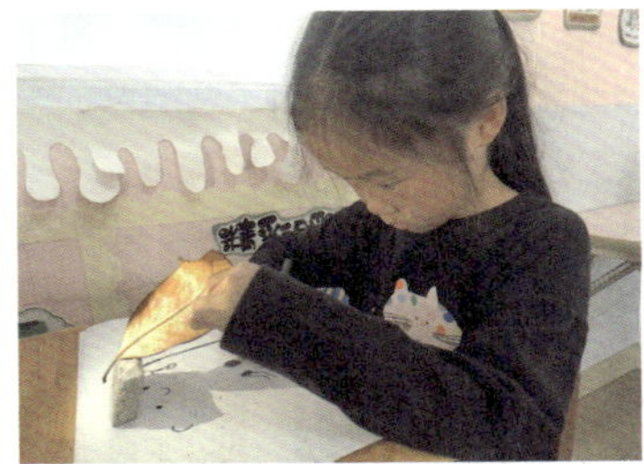
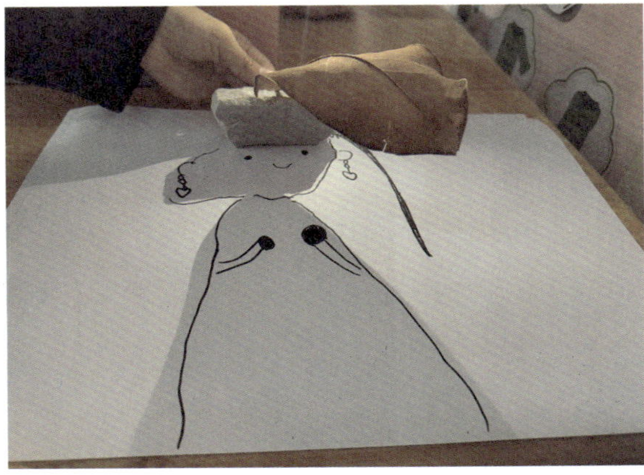

影子添画

益智区

影子配对

玩法提示：看图片，找出相对应的影子图片。

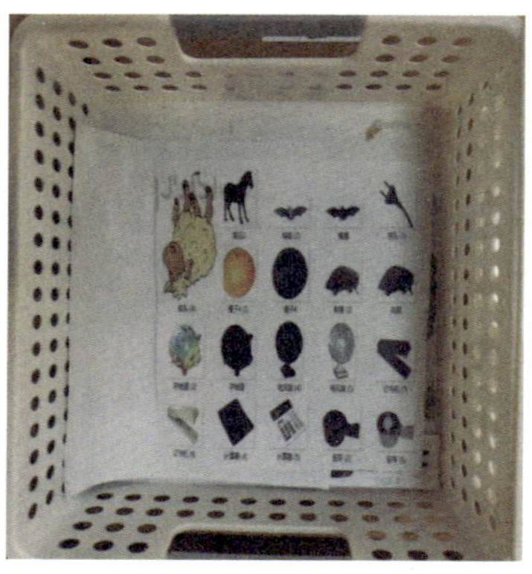

影子配对

表演区

手影小剧场

玩法提示：幼儿在手影小剧场进行表演活动。

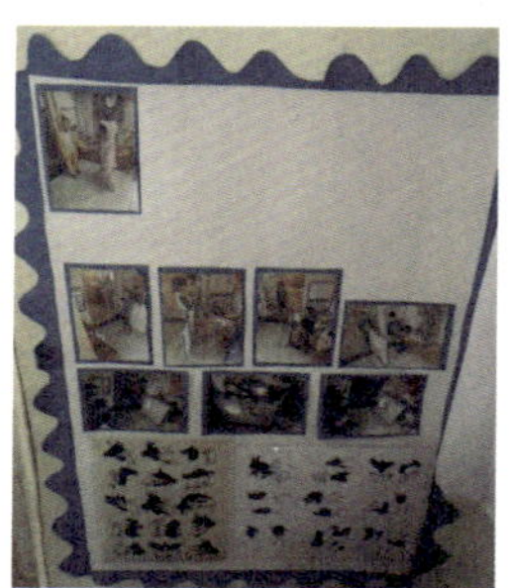

手影小剧场

语言区

影子主题绘本

自主选择阅读有关影子的主题绘本。

影子主题绘本